KOWALSKI
EDITORE

Paola Maraone
Paolo Madeddu

DA UNA LACRIMA SUL VISO...

Come guarire i mali del cuore attraverso l'ascolto omeopatico delle 50 canzoni più deprimenti del pop italiano

Prima edizione febbraio 2006

ISBN 88-7496-710-1

www.kowalskieditore.it

Per Cecilia, che amerà la musica e ancora non lo sa.

Per Alberto Madeddu, che è l'ultima volta che glielo ripeto: quel pezzo si chiama *I Heard It Through the Grapevine* ed è di Marvin Gaye.

Prefazione "dissociata"

Credo che questa sia destinata a essere ricordata come il primo caso di prefazione dissociata: smentisco categoricamente tutte le teorie che troverete snocciolate nelle pagine a venire e soprattutto l'assioma su cui si fonda il libro, la relazione forzata tra canzone italiana e la lacrima sul viso.

Per farlo, cercherò di dimostrarvi attraverso quali diabolici meccanismi gli autori tenteranno di attirarvi in questo luogo comune e come negli anni siamo tutti, almeno una volta, caduti in questa trappola.

Cosa sarà, direbbero Dalla e De Gregori, due che tanto hanno dato alla musica italiana e dunque che tanto troverete in queste pagine, che ci fa definire strappalacrime e non capolavoro una canzone?

Dov'è la sottile linea grigia che ci fa abbassare o alzare il volume della radio quando passa quel pezzo lì?

Proprio di Lucio Dalla, tra i cinquanta citati, non c'è *Quale allegria*, sicuramente meravigliosa, ma già il titolo non dovrebbe valerle almeno una nomination?

La risposta probabilmente è in quel momento della nostra vita che si chiama adolescenza, quel periodo in cui il giovane Werther che è racchiuso in ognuno di noi assorbe, succhia, assimila tutte le emozioni che ci arrivano e le fonde con la propria realtà sentimentale, in quegli anni solitamente piuttosto instabile.

Se una canzone ci colpisce in quel momento, rimarrà tatuata sulla nostra pelle per sempre, insieme ovviamente ai ricordi di quei momenti, nel bene o nel male...

"Strappalacrime" è una canzone che cinicamente tenta di commuoverti senza che tu ne abbia la predisposizione, ma capirete che è difficile essere tutti contemporaneamente innamorati, o magari ci si può provare ma è difficile essere ricambiati...

Quindi, onorevoli lettori, vi chiedo di ridare a queste 50 canzoni la dignità che i due truffatori autori di quest'opera dell'ingegno hanno tentato di sottrarre loro, forse accecati dalle loro sicuramente numerosissime delusioni d'amore.

Ovviamente, fatta eccezione per *Il carrozzone*, due palle...

LINUS

Premessa degli autori

Pochi popoli al mondo sono in grado di rivaleggiare con gli italiani nell'arte di piangere e lamentarsi.

Un'arte – né più né meno – che ha trovato la sua massima forma di espressione nella musica. È pur vero che gli italiani sanno scrivere anche canzoni allegre, ma non si discute: il melodramma è la nostra stella polare.

D'altra parte, noi – che saremmo il pubblico – chiediamo canzoni che facciano da ostetriche ai nostri patemi d'animo, portandoli alla luce attraverso un processo doloroso (anche parecchio) ma, alla fin fine, gioioso: proprio come un parto. In pratica, demandiamo ai nostri cantanti e cantautori e parolieri una funzione cruciale, quella di dare una forma – e una vita – ai mali del nostro cuore.

Da una lacrima sul viso... vuole premiarla, questa funzione. Per prima cosa abbiamo scelto 50 canzoni italiane strappacuore: di quelle che ascoltiamo quando siamo soli, al buio, nella nostra stanzetta, con la faccia affondata nel cuscino – che lentamente, verso la metà del pezzo, comincia a inumidirsi di lagrime (con la *g* è più bello).

Poi abbiamo tentato di riconoscere il tipo di strazio che queste canzoni meglio rappresentano, cercando di inquadrarlo clinicamente (facendoci aiutare da gente che se ne intende, è chiaro... Altrimenti andavamo a mosche). Perché se ancora qualcuno di voi si ostina a pensare che siano solo canzonette, si stupirà nel riconoscere certe impeccabili descrizioni *cantate* di stati di depressione, melanconia, paranoia e tutte le altre attrazioni dell'allegro carrozzone del dottor Freud.

Infine, abbiamo tentato di suggerire una terapia musicale, chiamando in aiuto i tormentoni estivi e altri brani solari e allegrotti, per esorcizzare la tristezza del brano ed evitare che diventi una droga, un'apparente consolazione in cui crogiolarsi ma che in realtà peggiora le cose.

Potete pensare a questo libro come a una comunità di recupero. Perché credeteci: si può uscire persino da *Uomini soli* dei Pooh.

Sappiamo bene che sulla scelta dei brani avrete da discutere. Noi stessi abbiamo compilato e ricompilato più volte la lista dei 50 magnifici lamenti, piangendo – tanto per restare in tema – per certe dolorose esclusioni (e precipitandoci ovviamente nella nostra stanzetta ad ascoltare quelle canzoni, con la faccia nel cuscino).

Vi verranno in mente decine di pezzi che sarebbero stati benissimo in questo libro, il che è sicuramente una prova della vastità del mare in cui pescare.

Possiamo brevemente riassumere i criteri da noi utilizzati per selezionare i 50 che sono entrati in questa Hall of (in)fame.

1. Non siamo andati troppo indietro nel tempo. La bambina che mormora "Mamma!" o la damigella che singhiozza "Grazie dei fior" sono sicuramente cruciali per la cultura nazionale e per il carattere italiano, ma questo libro ha anche ambizioni terapeutiche, e oggi come oggi riteniamo che non ci sia più molta gente che ama farsi del male con *Mamma mia dammi cento lire*. Se non altro, per via del passaggio all'euro.

2. Abbiamo cercato di mettere canzoni molto conosciute. *Giorno di pioggia* di Francesco De Gregori ("Stasera non ho voglia di vedere gli incidenti stradali lungo il fiume") e *Morire* dei CCCP ("Crepa! Creeepa! CreeEEE-PA!") sono vertici gaudiosi di depressione cantata, ma restano prelibatezze riservate a un'élite: *Perdere l'amore* di Massimo Ranieri, vincendo un Sanremo visto da 14 milioni di persone, ha mietuto più vittime.

3. Abbiamo cercato, analogamente, di dare voce al maggior numero possibile di cantanti italiani celebri, includendo tutti quelli che potevamo anche se questo significava dare a ciascuno un tetto massimo di due pezzi. Con ciò, è chiaro che Renato Zero, da anni assiso su un trono istoriato di nero, scrive canzoni depressive più spesso di Max Pezzali, per natura pacioso e sorridente. Ma, anche se la produzione di Zero sta alla canzone (s)confortante come il film *Panarea* con Alessia Merz sta alla programmazione di Italia Uno, voi capite che non potevamo dedicare metà libro al re dei sorcini.

4. In linea di massima abbiamo scelto la canzone più rappresentativa di un artista, oppure quella che aveva una sorta di "marcia in più". È noto che Luigi Tenco e Marco Masini non sono tipetti giulivi. Tra tanti pezzi meritevoli degli autori selezionati, abbiamo preferito quelli che ci davano qualche fremito di angoscia in più.

5. Infine, abbiamo evitato per quanto possibile le canzoni "edificanti", quelle che lasciano uno spiraglio di speranza, tipo *L'importante è (è... è... è... è...) finire* di Mina, o *Vita spericolata* di Vasco; insomma quelle che, come succede in *The Wall* dei Pink Floyd, lasciano intravedere la possibilità che alla fine il muro crolli. No, amici. Troppo comoda, così.

Qualora a qualcuno sfuggisse, chiariamo subito un punto importante: le pagine che seguono sono dei tributi. Gli artisti che appaiono in questo libro sono da sempre nostri idoli, e li abbiamo amati nonostante le mazzate che ci hanno tirato (o soprattutto per quelle. L'amore è ben bizzarro). Potrà sembrarvi, a tratti, che li prendiamo un po' in giro, ma lo facciamo come si farebbe con un caro amico. Perché siamo cresciuti con le loro canzoni; se poi siamo cresciuti così, è anche un po' colpa loro. Gente, la verità è che siamo perdutamente innamorati di questi brani... Ma ci hanno fatto stare tanto male – SOB!

P.M. e *P.M.*

Claudio Villa BUONGIORNO TRISTEZZA

"Ferma tu quel treno, che muoio di dolore."
Claudio Villa

Abbiamo pensato di partire con questo brano non soltanto per il titolo ke spakka (traduzione dal giovanile: "È assai gagliardo").

E non soltanto perché la prima immagine che propone è da urlo. Cioè, tentate di battere un verso come "buongiorno tristezza, amica della mia malinconia. La strada la sai, facciamoci ancor oggi compagnia".

Provate, avanti. Noi siamo qui che vi aspettiamo sotto casa con le due amicone, tristezza e malinconia, e con loro giochiamo allo schiaffo del soldato.

E non soltanto perché il suo testo va in percussione come la nazionale neozelandese di rugby – immaginatevi la vostra difesa fatta a pezzi dalla penetrazione in corsa di "le diedi un cuore, perdetti un cuore", "dissi di lei: mi vuole ancora bene. E mi sbagliai!", "piangono le foglie gialle, tutte intorno a me. Chiedono al mormorio dei platani: dov'è? Dov'è?".

"Mi disse: Torno domani... Da quel domani... quanti domani!..."

No, non è solo per questo.

(Anche se le foglie che piangono e parlano coi platani mandano a casa *I fiori del male* di Baudelaire con le ossa rotte.)

Il fatto è che anche se viviamo in un'epoca felice di Enzi Paoli Turchi che piangono e Celentani che tacciono, nel nostro cuore invidioso sappiamo che mai assisteremo a un telemelodramma supremo come quello che stiamo per raccontarvi, il biglietto da visita lieve come la ghisa con cui, nel 1955, il Festival di Sanremo entrò per la prima volta nelle case degli italiani.

Siccome è molto probabile che all'epoca non foste presenti, cercate di figurarvi quanto segue.

Gentili telespettatori, nel 1955 la Rai trasmette per la prima volta il Festival di Sanremo in tv. La kermesse era già piuttosto popolare grazie alla radio. Ignoriamo se fosse già chiamata con l'accattivante nomignolo "kermesse". Forse no.

Gentili telespettatori, per la prima volta partecipa Claudio Villa, detto il Reuccio. Per chi non ne avesse sentito nemmeno parlare, il Reuccio era una vera fontana di modestia. Celebre il suo Discorso del Piedistallo (1957):

"Giunto alle più alte sfere della popolarità, ho provato a piegarmi dall'alto del piedistallo su cui mi hanno fatto assidere. Ho voluto guardarmi intorno e guardare negli occhi di queste ragazzine romantiche che palpitano davanti alle mie fotografie. Stabilire un contatto che riveli a tutti gli ammiratori della mia voce che dietro questa voce c'è una persona che ama, soffre e lotta. (...) Claudio Villa non intende lasciare i suoi ammiratori come miseri mortali in adorazione del divo prediletto".

Autore del pezzo che, cantato da Villa, vincerà Sanremo, è lo stesso di *Faccetta nera*. Bella abissina. Parapunzippà. Mario Ruccione. Ebbene sì: quando Vittorio Feltri vi racconta che gli antifascisti fecero sanguinaria vendetta di quei cari ometti in nero, fategli questo nome.

Gentili telespettatori, Ruccione si era giocato tutto il suo senso dell'umorismo in pezzi che cantavano l'ardimento del ducce (con due *c*) e della sua banda di gasisti (*Canzone dei sommergibili, La sagra di Giarabub*). Alla caduta del regime non cambiò mestiere e non perse il successo – semplicemente, cominciò a intingere la penna in un vaso di lacrime anziché di testosterone. Il suo successo più funebre, *E la barca tornò sola*, fu spernacchiato dal leggendario Renato Carosone in una canzone antenata delle parodie di successi che girano su Internet (tanto per dare un'idea, Carosone simulava la morte dei passeggeri della barca con dei melodiosi gargarismi).

Ma gentili telespettatori, basta con Ruccione. Torniamo al Reuccio, ricordando un'ultima cosa: Ruccione era fassista (con due *s*), ma il Reuccio era comunista. Questo per dire che quando l'Arte fa la voce grossa, l'Ideologia si inginocchia scodinzolando. I due avrebbero vinto assieme anche il Sanremo del 1957 con *Corde della mia chitarra*, un'altra storia spensierata di morte e dolore. Al confronto, i Cure sono cartoni animati di Hanna & Barbera.

Gentili telespettatori, Villa è favorito, ma ci sono in gara anche Narciso Parigi e Natalino Otto (come dire Alonso e Montoya). E se il Reuccio dovesse perdere, sarebbe uno smacco terrificante.

Gentili telespettatori, colpo di scena: il 29 gennaio, giorno della finale, Villa dà forfait!!! (!) Questo il suo racconto: "Dopo la prima serata, che aveva già decretato il trionfo di *Buongiorno tristezza*, al momento di uscire dall'albergo fui colpito da un febbrone da cavallo che mi costrinse a restare in camera". In un clima di suspense, dopo concitate telefonate tra Sanremo e Roma, si decide di non squalificare il cantante e di fare in modo che la platea ascolti il pezzo tramite un giradischi piazzato sul palco vuoto (...!).

Se già il brano evocava tristezza, la desolazione della scena la amplifica in modo tale che la giuria, emozionata, non può esimersi dal premiare Villa, che una volta ristabilitosi farà bisboccia coi giornalisti e firmerà un contratto per un film intitolato *Cantami: Buongiorno tristezza*! Ovviamente una pietra miliare – ma casomai ne parleremo un'altra volta.

Squisiti telespettatori, "I soliti maligni dissero poi, a cose fatte, che io avevo vinto perché con quell'espediente ero riuscito a fare breccia nel cuore del pubblico", s'indignò in seguito il cantante romano. "Ora, a parte il fatto che il pubblico era già largamente dalla mia parte, figuratevi se io avevo bisogno di questi mezzucci per vincere il Festival!"

Ma figuriamoci.

DIAGNOSI

Tendiamo a dubitare che oggi, a oltre cinquant'anni da quella serata straordinaria, qualcuno di nascosto si inietti *Buongiorno tristezza*. Quindi, se per le canzoni che seguono (morbi più attuali) promettiamo sia una descrizione dei sintomi sia una diagnosi sia una terapia, per questa facciamo un'eccezione – però rendiamo omaggio al Reuccio e a Ruccione, per aver scolpito sul Festival di Sanremo il motto che dal dopoguerra a oggi ha sostituito nel cuore degli italiani il poco credibile "Credere, obbedire, combattere". Ovvero: "Chiagne e fotte". In fin dei conti, la vera diagnosi del Paese l'hanno fatta loro due.

Vasco Rossi
OGNI VOLTA

"Era la donna della mia vita,
l'amore dei vent'anni,
quello che poi ti sposi. (...)
Un giorno mi ha raccontato
tutto quello che aveva fatto
con uno di Pescara, tutto, e io piangevo.
Alla fine le ho chiesto:
Ma è stato meglio che con me?
E lei mi ha detto sì."

Vasco Rossi

Dal punto di vista tennistico, una media di venticinque ace su trenta servizi può portarti al Grande Slam. Possiamo quindi tranquillamente affermare che la popolarità della canzone, anche al di fuori della nutrita cerchia dei fan di Vasco, sia dovuta all'antico precetto: *repetita iuvant*. L'espressione "ogni volta" ricorre infatti venticinque volte su trenta versi. Mica male. Volendo, è un po' deludente che l'eroe di Zocca non abbia avuto un guizzo di creatività anarcoide intitolando la canzone, per esempio, *La paura*. No, ha preferito andare sul sicuro applicando le teorie di Goebbels sulla ripetizione a martello di un concetto (quello che funziona per il nazismo, spesso funziona anche per il rock'n'roll).

Del resto, che il suo stato d'animo non fosse dei più brillanti è evidente anche dalla lettera con cui questa canzone comincia, una *e* breve e mestissima: "E ogni volta che viene giorno, ogni volta che ritorno". L'importanza della preziosa vocale nell'universo vaschiano non si discute: l'intensità e la lunghezza di una sua *e* sono utili indicatori di quanto l'uomo sia carico. Quando in concerto esplode un "Eeeeeeeh!!!" come si deve, i fan capiscono che Blasco sta andando *al massimo*; quando farfuglia un breve e abbacchiato "Eeeh...", si capisce che la vita spericolata gli sta chiedendo il conto – ma la quinta lettera dell'alfabeto gli piace parecchio e la sfrutta più che può. Era nell'ordine delle cose che prima o poi intitolasse una canzone, appunto, *E...* (nell'album *Buoni o cattivi*, 2004).

In questo antico inno, invece, la nobile vocale dà inizio a ciascuna delle cinque strofe, ma viene subito schiacciata, fatta rotolar via da quell'"Ogni volta" reiterato implacabilmente, che suona come un chiassoso gong che sovrasta tutto il resto. Venticinque volte. Sono un po' troppe? Per buona parte del pubblico no, visto che in questo modo il brano si impara facilmente (da *Mi scappa la pipì papà* a *Italia, Italia*, è assodato che la ripetizione consegna all'eternità anche le composizioni più incresciose). Poi, il meccanismo diventa contagioso e il gioco può prendere la mano, specie se si è in coda in autostrada e non si sa come passare il tempo: si può iniziare a improvvisare. "Ogni volta che manca il sale", "ogni volta che il gatto sta male", "ogni volta che ho male a un dente", "ogni volta che leggo

Gente" – e così via. Provate: le possibilità sono infinite. Naturalmente, l'incedere lagnoso del brano (musicalmente povero rispetto allo standard dei brani melodici di Vasco) vi indurrà soprattutto a lamentarvi. Entro breve, finirete col precipitare in un vortice, col volteggiare (anzi, ognivolteggiare. Brrr, scusate) lentamente, in senso centripeto, verso quell'implacabile, monocorde leitmotiv cui ormai siete irrimediabilmente agganciati, ascoltando Vasco che si lagna a 360 gradi perché è stato mollato, perché si sveglia e già sbaglia, perché non è coerente, perché si sente sicuro ma poi si sente solo. Arriva a piagnucolare persino perché qualcuno si preoccupa per lui – insomma, ogni scusa è buona: il bilancio finale lo spinge a prendere la testa tra le mani e a rimandare brillantemente tutto a domani.

DIAGNOSI

C'è una sola variazione nella lamentosa struttura del brano. Quando giunge il coro: "E ogni volta che torna sera mi prende la paura". Alè: è il ciliegione sulla torta. Il quadro è completo: senso di persecuzione paranoide ("e ogni volta che non c'entro, ogni volta che non sono stato"... se non avesse quel tono lacrimevole sembrerebbe Bart Simpson), attitudine lamentosa, umore depresso, fuga dalle responsabilità, bassa autostima, difficoltà di concentrazione e nel prendere decisioni, scarsa energia, sentimenti di disperazione. Vi piace? In tal caso, prendetene quanto ne volete: si chiama disturbo distimico.

TERAPIA

Voi malati di ognivoltite siete dunque sul depresso andante. Siete in buona compagnia: avete visto che neanche Vasco se la passa tanto bene. Del resto lui stesso ha dichiarato: “Sono un provinciale che avrebbe preferito essere Kevin Costner”. All’interno del suo stesso canzoniere il nostro eroe fornisce però la terapia medica più comune all’epoca in cui *Ogni volta* è stata scritta: *Dieci gocce di Valium*. Se temete che il pregiato tranquillante vi deprima ulteriormente potete provare un altro rimedio, sempre molto trendy. Vi si inneggia in *Bollicine*. Prima di consumarlo vi resta solo da decidere – a seconda delle vostre convinzioni morali e dello spessore del portafoglio – se aggiungervi della Cola, oppure no.

Edoardo Bennato, Gigi D'Agostino UN GIORNO CREDI

"Noi giriamo come una palla impazzita."
Edoardo Bennato

Edoardo Bennato è capace di tutto. Ha scritto canzoni tra le più sarcastiche e corrosive mai sentite in Italia, ma anche alcune delle più improbabili. È stato uno dei principali cantautori italiani e uno dei primi a suonare negli stadi, in virtù di un grande successo ottenuto senza essere carino coi giornalisti – sicché per ripicca questi, ogni volta che scrivono la storia della canzone italiana, lo fanno fuori con sommo gaudio. A inizio carriera, nei primi anni settanta, saliva sul palco armato solo di chitarra, tamburello e kazoo, e tanto gli bastava. Ma in quel periodo, a decretare il suo successo era una ballatona arrangiata come l'inno di un paese balcanico.

La sinuosa melodia di *Un giorno credi* ne esce rigonfia e melodrammatica, annegata fin dall'inizio in un mare di lacrimevoli archi che creano un immediato, stuzzicante clima da requiem. Nei primi cinque secondi la canzone avverte subito delle sue intenzioni. Come se nel presentarsi al pubblico, invece di "sarò breve", uno premettesse: "Sarò straziante". A metà del pezzo il pathos trova il suo culmine in un assolo di tromba da bersagliere, così forzato che sorge un sospetto: che tanta fanfara abbia lo scopo di distrarre dal testo della canzone. Testo nel quale Bennato, spiace dirlo, straparla.

Intanto, usa un "tu" che non permette di capire se si rivolga a un suo amico, all'ascoltatore, oppure a se stesso. Con chiunque ce l'abbia, inizia con tono fraterno, cercando di fargli forza: suvvia, oggi non ti senti un grande uomo e anzi devi "cominciare da zero" ma sono cose che capitano, la vita è fatta a scale, fatti forza, e giù frasi di circostanza. Prosegue incoraggiante: "Sei testardo e questo è sicuro, quindi ti puoi salvare ancora", e l'ascoltatore si illude: ce la posso fare, anche se la mia vita "si trascina stancamente" e ho pochi amici a cui far ascoltare la mia musica (del resto "tre anni fa", apprendiamo dalla strofa, era la stessa cosa. E la stessa musica). Poi di colpo Bennato, noto agli addetti ai lavori per il suo carattere scoppiettante, passa agli insulti. Comincia con l'ingiungere all'amico, o all'ascoltatore – o a se stesso – di piantarla di seguire i soliti passi. Anche nel più tragico e deprimente dei lunedì mattina, vai incontro al tuo giorno, anche se c'è lo sciopero dei mezzi, i sondaggi ti danno in calo, hai perso al Fantacalcio; ché altrimenti guai, ammonisce Bennato, "basterebbe un istante" a mandare tutto a donnine di malaffare. Poi, senza neanche dare il tempo di rispondere, esplode: "Sei l'assurdo in persona". Accusando l'interlocutore di impostare la propria vita su un menzognero ancorché non meglio precisato "falso incidente" – forse si tratta di una truffaldina richiesta di invalidità permanente per sistemarsi ai danni delle assicurazioni o dello Stato: nella Napoli anni settanta, *Tira a campare* era tanto una regola di vita quanto il titolo di una canzone di Bennato medesimo. In ogni caso, la progressione di improperi è inarrestabile: non sappiamo se sia stato l'assolo di trombetta a indispettirlo, ma di fatto, Bennato a fine canzone ha un tono inviperito che è l'opposto di quello consolatorio adoperato nell'incipit. È realmente furibondo, e questo senza neanche avere ascoltato la nauseabonda versione da discoteca con cui Gigi D'Agostino, col suo incomparabile sintetizzatorino a due tasti, assassinerà la sua melodia trent'anni dopo.

DIAGNOSI

È quindi in un clima ambiguo e spesso incongruo che la sindrome di *Un giorno credi* va a segno nei soggetti preposti: persone inclini a instabilità dell'umore, a rapida alternanza tra picchi di autostima e momenti di totale autosvalutazione. E poi ansia, sentimento di vuoto, ideazione paranoide. Tutti sintomi di un più che probabile disturbo borderline di personalità, con una componente ipocondriaca – e autocommiserazione a badilate. Si sa, una delle cause del disturbo borderline è l'avere ricevuto segnali contraddittori dalle persone significative: i genitori, i parenti, i cantautori.

Ve lo diciamo apertamente, il disturbo borderline è una carogna, uno dei più molesti che possano capitarvi, e non dovete stupirvi se avete pochi amici (del resto, agli sventurati infliggete "situazioni che stancamente si ripetono senza tempo". Per non parlare della musica menosa che fate andare da tre anni). Insomma, sappiamo che è brutto scoprirlo in questo modo, ma siete *l'assurdo in persona*.

TERAPIA

Non vi preoccupate: Bennato stesso vi suggerisce che se mettete tutta la forza che avete nei vostri fragili nervi potete affrontare qualsiasi cosa, persino la versione dance di Gigi D'Agostino. Il problema vero a questo punto è capire da dove trarre le energie psicofisiche. Se i tanto pubblicizzati corsi di reiki & feng-shui, di shiatsu biocombinato, i massaggi col fieno e l'ashtanga yoga non hanno funzionato, c'è un rimedio estremo: l'ascolto a più riprese di *Per colpa di chi* di Zucchero. Lui sì che la sa lunga: "Funky gallo come sono bello stamattina! Non c'è più la mia morosa, e sono più leggero di una piuma". Capirete di aver raggiunto il top della forma quando, al ritmo di "Per colpa di chi chi chi chi chichichirichi", comincerete a saltellare in giro per la casa ciondolando e scuotendo la testa nell'atteggiamento tipico dei chitarristi heavy metal, l'*head banging*. Pratica che vi eviterà in futuro di lagnarvi per falsi incidenti. Vi lamenterete piuttosto per la cervicale.

Domenico Modugno
VECCHIO FRACK

"Ciao ciao bambina, un bacio ancora.
E poi per sempre ti perderò."
Domenico Modugno

È un successo planetario quello di *Vecchio frack* (in alcune versioni, *Vecchio frac*, senza la kappa), longseller che alcuni ritengono la miglior composizione di Domenico Modugno. Il brano musicalmente è un capolavoro di essenzialità, per quanto la strofa non sia semplicissima da canticchiare – a differenza del ritornello "Chi mai saràaa..." e della fischiettata. Uscito nel 1955, *Vecchio frack* scala le classifiche lento ma inesorabile: ad arrivare in cima ci mette quattro anni, più dell'Inps a sbrigare una pratica. Ma una volta lì, non si schioda più e raggiunge le prime posizioni anche in Spagna, Grecia, Cile, Perù, Brasile, Argentina e Giappone (dove però la parola *frack* viene sostituita con *kimono*; in alcune versioni, *imono*, senza la kappa).

La canzone è ispirata al dramma di un nobile trentenne morto suicida, un certo conte Fraggia. Ma dice bene Modugno: "Chi mai sarà, quell'uomo in frac(k)?". Potrebbe essere lui, potreste essere voi, in fondo a chi non è mai capitato di camminare zig-zaganti di notte, al chiaro di luna, lungo le strade deserte della città? E quando voi siete a letto al calduccio, tocca a qualcun altro: là fuori, per strada, c'è almeno un uomo che si trascina stancamente – in una grande città, più di uno. Ma solo uno è in frac. O frack. O frak?

Quell'uomo viene probabilmente da un matrimonio; questo giustifica il fra... il vestito. Il cilindro per cappello. I diamanti per gemelli. E soprattutto la gardenia nell'occhiello. Ma su di lui non ci sono certezze. Modugno, che pure ha scritto il pezzo, insiste: "Non si sa da dove viene né dove va, di chi mai sarà quel vecchio frack?". Ipotizziamo una delusione d'amore; la donna che si è sposata in giornata potrebbe essere un suo antico filarino ("primo ed ultimo suo amor") convolata a nozze con un altro. E lui, triste testimone della cerimonia, ora le lancia un ultimo saluto in francese: "Bonne nuit, bonne nuit, bonne nuit, bonne nuit". Lo ripete quattro volte poi traduce, casomai lei non abbia dimestichezza col francese: "Buona notte". Quindi, complici le elevate dosi d'assenzio che ha ingollato assieme ai commensali al banchetto, comincia a delirare e parla con gli oggetti e con gli animali: "Buona notte" è rivolto anche a un gatto innamorato (e vabbè) e ai fanali illuminati (uhm). Alla fine il frac(k) scivola "galleggiando dolcemente e lasciandosi cullare" verso il mare. Quindi, la giacca è andata. Ma l'uomo? Come sappiamo che è morto? Sì, continua a ripetere "adieu, adieu, adieu, adieu", addio al mondo, ma si sa che se ne dicono tante quando si è ciucchi. Finché non verrà ritrovato il cadavere – in genere li ripescano all'altezza di Codigoro, vicino alle foci del Po – è lecito affiancare al suicidio altre due ipotesi: la messinscena per sfuggire alle conseguenze di un crac(k) finanziario, oppure il suicidio simbolico, con l'addio al bastone, ai gemelli, alla vita precedente, abbandonata senza rimpianti per una nuova esistenza all'insegna di un vitalismo a braccia aperte: "Voooolareh! Oho!".

DIAGNOSI

In un affascinante gioco di rimandi, la chiave interpretativa del disturbo che ammicca all'ascoltatore in questo brano si trova in un film. Il *Vecchio frack* fa parte della colonna sonora dell'indimenticabile *Il sorpasso*, di Dino Risi. E ora attenti: qui Bruno (Vittorio Gassman) si rivolge a Roberto (Jean-Louis Trintignant) e gli dice: "Tie', metti questo, è Modugno, *Vecchio frack*. A me, Robbe', Modugno me piace sempre, pare 'na cosa da niente, e poi st'omo in frack me fa 'mpazzì! C'è tutta la solitudine, l'incomunicabilità, e poi quell'altra cosa che va de moda oggi... l'alienazione".

Il fatuo personaggio di Gassman, antesignano dell'odierna *cool people*, coglie inevitabilmente l'aspetto più croccante della canzone: l'eleganza del suicidio. E avendo qui, sventolante, una classica ideazione suicidaria, basta guarnirla con una diminuzione di interesse per tutte o quasi le attività, l'insonnia, "l'aspetto trasognato malinconico ed assente" cantato da Modugno, per avere un umore depresso da manuale. Tuttavia, la vicinanza temporale tra *Il sorpasso* e *Vecchio frack* ci induce a dare una possibilità a Gassman e Risi, e tenere per buona la nevrosi da alienazione. Concetto un po' inviso agli psicanalisti, ma da sempre legato alla società industriale, che negli anni cinquanta è in trionfante ascesa, con le ovvie conseguenze sulla psiche di stampo romantico di un tale che va ai matrimoni vestito come Willy Wonka.

TERAPIA

Per risolvere una nevrosi da alienazione gli esperti sono concordi: occorre una terapia cognitivo-comportamentale-ambulatoriale dei disturbi (provate a ripeterlo velocemente, su). Tradotto: di solito l'alienazione è legata a uno stato confusionale da stress; il tipo in frack, infatti, ha deciso di ubriacarsi perché traumatizzato dalla visione della sua bella tra le braccia di un altro. Sicché la sua ossessione, fino a quel momento latente, progredisce rapidamente fino all'esito estremo.

Come impedire che la gente a casa lo imiti? Gente di umore depresso perché mollata dal primo e ultimo suo amor ce n'è a vagoni. Coerentemente con l'epoca in cui il brano vide la luce, si potrebbe prescrivere la terapia più *cool* in quegli anni: l'elettroshoc(k). Se l'ascoltatore in frack si è già gettato nel fiume, la terapia è applicabile anche attraverso l'utilizzo di lamprede.

Carmen Consoli
L'ULTIMO BACIO

"Matilde odiava i gatti e i parenti, vicini e lontani.
Matilde odiava il tanfo d'urina,
tipico dei gatti in calore.
Un giorno prese la pistola dal cassetto e sparò.
Ne colpì uno grigio e lo vide cadere a terra esanime.
Ma pose fine al proprio dramma soltanto
nel momento in cui premette il grilletto contro
se stessa."

Carmen Consoli

State partecipando a un noto gioco a premi e Pupo non vi chiede se scegliete la Basilicata o il Piemonte, ma cos'è più triste secondo voi: la voce di Carmen Consoli o il suono del violoncello? Avete trenta secondi per rispondere.

Indecisi? Nessun problema: citate *L'ultimo bacio*, perché qui si trovano entrambe le cose.

La prima, la voce lamentosa e tremebonda, è da sempre il tratto distintivo della cantantessa – secondo alcuni è il suo punto di forza, ai più dà semplicemente sui nervi. Qui poi è *particolarmente* lamentosa e tremula: sembra la voce di una prefica (che non è una bella ragazza in boccio ma una donna che piange, dietro compenso, ai funerali). La tradizione delle prefiche, attive un tempo soprattutto nel Meridione, è ormai scomparsa ed è un peccato: dal punto di vista coreografico erano un bel numero, queste donne livide e arruffate che si strappavano i capelli, si battevano il petto e si graffiavano le guance – oggi per avere un'idea *vaga* dell'effetto si può andare a un concerto degli Slipknot. Mentre il violoncello, di suo, è lo strumento gramo per eccellenza; quando ne sentite il suono a distanza dovreste scappare a gambe levate. A meno che non siate masochisti, s'intende. E in effetti in questo caso *L'ultimo bacio* è proprio la canzone adatta a voi: diciamo che è un po' il setaccio dei cercatori di sfiga.

Musicalmente ben vestita (voce, chitarra acustica e orchestra, avvolgente e capace di notevoli aperture), dal punto di vista del testo invece *L'ultimo bacio* marca proprio male. Comincia con la descrizione di un personaggio solo e incerto, che non sa dove sbattere la testa. La Carmen, molto confusa e poco felice, lo apostrofa così: "Cerchi riparo fraterno conforto, tendi le braccia allo specchio". Disgraziato e stortignaccolo, infelice anche nel fisico, il poveretto ha probabilmente sofferto di un'emiparesi che l'ha lasciato semiparalizzato, l'espressione fissa: "Ti muovi a stento e con sguardo severo biascichi un malinconico Modugno". Il massimo della tristezza, biascicare Modugno. *Piange il telefono*? *Il maestro di violino*? O *La donna riccia*? Fermi, ecco cosa: *Tre somari e tre briganti*! "Siamo in tre! Siamo qui!" No, non è malinconica ed è definitivamente imbiascicabile.

Torniamo al personaggio di cui Carmencita tesse le

sfighe, che tanto per farsi del male ricorda un glorioso passato e l'atroce fine di un grande amore: "L'ultimo bacio mia dolce bambina brucia sul viso come gocce di limone" (Uch!) "L'eroico coraggio di un feroce addio, ma sono lacrime mentre piove piove".

Due cose da notare riguardo a questa strofa. La prima è sul tempo (atmosferico): piove = governo ladro. La seconda è sul modo di scrivere della Consoli: totalmente incoerente dal punto di vista sintattico e grammaticale. Cosa vuol dire in italiano "l'eroico coraggio di un feroce addio ma sono lacrime mentre piove"? Sarebbe un po' come noi scrivessimo se senza un ordine seguire frasi.

(... Ci siete arrivati, sì?)

Ma continuiamo col nostro amico un po' sfigato, che prosegue la sua odissea. Colpito dall'ictus, mollato (per questo?) dalla fidanzata, cerca di riprendersi come può. Biascica, oltre che Modugno, un po' di parole in libertà ("magica quiete velata indulgenza") e poi, "dopo l'ingrata tempesta" riprende fiato e con "intenso trasporto" celebra un "mite e insolito risveglio". Che senso ha quest'ultima frase? Passi per "insolito", ma cosa si intende per "risveglio mite"? Un inverno può essere mite, un leone pure, ma un risveglio? La realtà è che la Carmen annette aggettivi a caso a ogni parola per allungare il brodo, perché come i necrologi con cui è preficamente gemellata guadagna un tanto a parola.

Sicché non basta che la tempesta sia tempestosa: diventa ingrata, ma poteva essere dietetica o saponosa. Ma fa niente, tanto non c'è scampo, inutile chiedersi perché la nave sta affondando quando l'acqua ci bagna i piedi: come il sangue che dilaga dagli ascensori di *Shining*, ci stanno venendo addosso "mille violini suonati dal vento", seguiti da un addio simpaticamente addobbato dal "senso spietato di un non ritorno".

E fuori che fa, intanto? Piove, piove, piove, piove, piove, piove (= governo ladro, governo ladro, governo ladro, governo ladro, governo ladro e governo ladro).

DIAGNOSI

La canzone è dunque il funerale di un amore, oltre che il tema del noto film di Muccino. Ricordiamo la trama: un gruppo di amici cerca di uscire dal guscio, poi rientra all'ovile. Ma Carmen Consoli non è una sprovveduta come Giovanna Mezzogiorno (la ragazza cui, nel film, quel bassorilievo ambulante interpretato da Stefano Accorsi mette le corna con Martina Stella). No, Carmenuzza, reduce da enne delusioni, è mediamente isterica già da un tot, sa bene come si trattano gli Accorsi di tutto il mondo, e il suo scopo nella vita è uno solo: far piangere. E allora, *L'ultimo bacio* è davvero il suo regalo ai masochisti, a quei depressi che in fondo godono nel soffrire, quelli che il lutto anziché elaborarlo sognano di tenerselo stretto al cuore e coccolarselo in eterno cullati da mille violini, dal vento e dalla solita, fastidiosissima pioggia. E magari anche di guardare più e più volte i film con Stefano Accorsi.

TERAPIA

Non c'è una terapia per *L'ultimo bacio*, perché in fondo un masochista non vuole guarire. Al massimo può desiderare di stare peggio. A questo scopo è consigliato l'ascolto di *Parole di burro*, della stessa autrice. Apice nella strofa: "Conquistami inventami dammi un'altra identità, stordiscimi disarmami e infine colpisci". Roba che nemmeno i personaggi del videogioco Tekken sarebbero disposti a sopportare.

Lucio Battisti
I GIARDINI DI MARZO

"Ho avuto un'infanzia e un'adolescenza tristi e sono cresciuto pieno di complessi. I miei amici andavano a ballare, andavano a donne e io li osservavo e mi creavo un mondo tutto mio."

Lucio Battisti

"Ascoltavo la musica di Lucio e rovesciavo fiumi di parole sulla carta. A volte, quando avevo terminato, mi chiedevo: ma dove sono andato a finire? Mi ricordo *I giardini di marzo*: ero convinto di aver perso il filo del discorso e poi mi sembrava di essere tornato, senza sapere il percorso che avevo compiuto. Ero stordito, ma fu proprio Battisti, in quel caso, a dirmi che avevo scritto dei grandi versi."

Mogol

Questa canzone è il grande ottovolante dell'angoscia. Mogol non si nega niente. Tremito delle mani, ristrettezze economiche (a meno che i soldi finiti entro il 21 del mese non fossero parecchi e spesi in bagordi. Ma onestamente è difficile crederlo), mutismo telefonico e stato confusionale da manuale: "Che anno è?

Che giorno è?". Manca solo uno che gli agiti una mano davanti alla faccia chiedendo: "Quante dita sono queste?".

E poi spettri sommamente inquietanti, dalla madre lontana – nel tempo, nello spazio, e in tanti altri modi – all'uomo che grida "gelati", anche se a sentire Lucio, sembra che non stia gridando ma stia *sospirando* "gelati" (o ansimando, da maniaco sessuale).

Ricordiamo che: è il 1972, Battisti ha quasi trent'anni. Non vuole sposarsi (... tipico), anche se l'anno successivo, proprio a marzo, avrà un figlio dalla sua compagna (con cui, infine, convolerà, dimostrando che le donne le hanno tutte vinte). Ha già cominciato a sottrarsi ai media. Dal punto di vista artistico non si pone limiti, come dimostrano album sempre più complessi, e singoli che alternano acrobazie compositive (*Pensieri e parole*) a "giri" semplicissimi *(La canzone del sole*). Dal punto di vista delle vendite, è incontrastato re d'Italia.

Detto questo, è difficile uscire vivi dai *Giardini di marzo*. È dura sopravvivere a un brano costruito come un campo minato, come un videogame in cui i mostri sono in agguato praticamente a ogni angolo. Provateci un po': se anche schivate il carretto, tirate la cinghia fino alla fine del mese, resistete all'assalto del ricordo materno (con la connotazione dei fiori appassiti, che evoca la consueta caducità delle cose umane ma la incastona in un quadro edipico sofferente), quasi sicuramente cadrete davanti al ragazzo che non riesce *neppure a vendere i libri davanti a scuola*. Intanto, perché facciamo due più due e capiamo che, essendo il protagonista in età scolare, i soldi finiti sono quelli della famiglia, che sta facendo sacrifici per far studiare il figlio (... sensi di colpa come piovesse, alè). In un contesto come questo vendere i libri diventa cruciale, e infatti lui dice: "All'uscita di scuola i ragazzi vendevano i libri. Io restavo a guardarli cercando il coraggio per imitarli". Non dovrebbe essere un'operazione particolarmente difficile, per quanto uno possa essere affezionato al suo libro di matematica (il leggendario, astrusissimo Ferrauto?). E invece lui nun ja fa. Sconfitto (e in profonda crisi esistenziale) torna "a giocare con la mente e i suoi tarli".

Ecco, è qui che la maggior parte dei fan dei *Giardini di marzo* ha un fremito: quando il cantante ammette la sconfitta del suo lato sociale. Intorno, qualcosa sta fiorendo, ma lui no; lui, che all'epoca dovrebbe essere uno speranzoso ragazzetto di quattordici anni o giù di lì, non sboccia, non ne ha il coraggio.

Volendo fare gli smargiassi, potremmo aggiungere qualcosa sugli anni settanta e sul senso di emarginazione di quei giovani che in tanta gioiosa autocoscienza collettiva semplicemente non ci si raccapezzavano. Ma era solo un aperitivo, l'estraniamento generazionale è nulla rispetto al Titanic sentimentale in arrivo. Battisti se Dio vuole cresce, si innamora. La ama e glielo dimostra a suo modo: "Le mie mani come vedi non tremano più" (grande progresso). La cosa malauguratamente non basta: oltre al coraggio di vendere i libri davanti a scuola serve anche il coraggio di vivere.

Ma quello no, purtroppo no, "ancora non c'è". E la sua mancanza risuona, come una campana a morto, alla fine dei due ritornelli (se così possiamo chiamarli), che pure sembravano aver aperto uno spiraglio – ah! Era solamente il classico sollievo ingannevole dei film horror, ovvero: uno ritiene di averla fatta franca, e poi scopre che lo zombie con la scure è ancora vivo.

Un vero peccato anche perché, come tutti sanno, "i giardini di marzo son pieni di nuovi colori, e le giovani donne si vestono di nuovi amori". E a questo punto sarebbe carino, per uno che ha nell'anima "cieli immensi e immenso amore", poter coronare il suo sogno e dimenticare finalmente l'incresciosa faccenda dei libri di scuola e delle mani parkinsoniane. Ma Mogol e Battisti hanno in serbo un'ultima mazzata, che è l'altra tagliola in cui cade metà delle vittime di questa canzone. Ovvero, il punto in cui l'accompagnamento musicale da melodioso si fa ritmico, secco, con la grancassa a sottolineare una marcia ineluttabile verso l'abisso: il punto in cui subentra l'ombra della gloriosa misoginia mogoliana. Il punto in cui lei, camminando al suo fianco, lo supplica di ripigliarsi, per il bene di tutti e due. "Cioè, tu muori", gli fa la tipa, che probabilmente frequenta un collettivo femminista e che sicuramente non lo sopporta più. Al che lui, gelido e vagamente narcisista (tanto per insaporire il tutto), la punisce (e si punisce) *continuando a camminare*, lasciandola "attrice di ieri".

DIAGNOSI

Mogol non è il genio che pensa di essere, ma non è un pisquano. Nel testo mette la soluzione dell'enigma, che è sotto gli occhi di tutti: in mezzo alle care, vecchie praterie dove scorrono dolcissime le sue *malinconie*. E proprio partendo da *Lutto e melanconia* di Freud (1917) si può cominciare ad analizzare la situazione di chi si riconosce nei *Giardini di marzo*. Abbattimento, cessazione dell'interesse per il mondo esterno, inibizione di ogni attività, perdita della capacità di amare, diminuzione della considerazione di sé, sensi di colpa, indecisione, isolamento sociale, pensieri suicidi. Questo stato può essere una reazione alla perdita di un oggetto amato, ma secondo Freud "non si riesce a vedere chiaramente che cosa sia stato perduto". E infatti: "Non una parola chiarì i miei pensieri".

TERAPIA

Se facendovi assumere da qualcuno con un contratto a progetto finalmente avete superato il problema economico e, dribblato il 21, ora arrivate comodi a fine mese, potreste cominciare col comprare alla mamma un vestito nuovo (magari non nero, via) e alla fidanzata un gelato (possibilmente tre palline). Rimangono da risolvere la scarsa integrazione sociale e la mancanza di attitudine commerciale, insomma la compravendita dei libri davanti a scuola. Potreste mettere in vendita qualcosa su eBay, tanto per cominciare: nessuno vi vede, lo fate da casa, non c'è niente di cui vergognarsi. Ma è anche vero che la vostra inclinazione per un eroico naufragio ha bisogno di una terapia d'urto altrettanto eroica, che esalti la componente dell'estraniamento. All'uopo provate ad ascoltare ripetutamente e a volume altissimo *L'anguilla* dei 99 Posse: "Voi non mi avrete mai come volete voi". Potrebbe ispirarvi un nuovo atteggiamento. O, se i vicini vi denunciassero per rumori molesti, un patteggiamento.

Cesare Cremonini
MARMELLATA #25

"Anche i Beatles, all'inizio,
avevano un pubblico di ragazzine."
Cesare Cremonini

1980. A New York muore John Lennon, a Bologna nasce Cesare Cremonini. A sei anni la mamma lo piazza su uno sgabello di fronte al pianoforte nero del salotto, e inconsapevolmente ne decide il destino. La Vespa 50 che lo porterà alla fama è molto lontana; in questo momento Cesare viaggia ancora sulla biciclettina con le rotelle. Eppure sa già cos'è la tristezza. L'ha dichiarato lui, di recente, in un'intervista: "Prima ancora che te l'insegni la vita, capisci che esiste la tristezza suonando un do minore". Il suo assistente, il fido bassista Ballo, ha annuito in segno di approvazione. Forse anche lui ha imparato cos'è la tristezza.

È pertanto grazie alla signora Cremonini che oggi possiamo ascoltare *Marmellata n.25*, anzi, *#25* (certo, starebbe bene anche *Marmellata @25*, oppure *Marmellata %25*. Anche *Marmellata Ø25* non suona poi male). Perché 25, Cesare? "Niente, suonava bene. E poi ho 25 anni." Il leale bassista Ballo ha annuito di nuovo – forse anche lui ha 25 anni.

Vediamo cosa succede in concreto in *Marmellata*. Uscita nell'estate 2005, è una ballad alla Cremonini – cioè, stile beatlesiano con accento bolognese spalmato su tutta la canzone. Si sa che è un dialetto che mette allegria anche se si parla di morti, con tutte quelle buffe lettere geneticamente modificate (sapevate che il bolognese ha non cinque, ma dodici suoni vocalici: a â e ê i î o ô u û å ä?).

Il testo ha l'aria di essere autobiografico, nonostante Cesare abbia specificato: "Quando scrivo tendo a parlare di me, ma ho l'impressione che quella di *Marmellata #25* sia la storia di tante altre persone". Il prode bassista Ballo ha annuito ancora – forse una di quelle persone è lui. O forse siete voi.

Ma nell'analizzare la canzone diamo per scontato che il protagonista sia proprio Cesare: in questo momento, a quanto pare, non se la passa granché bene. Se leggete i giornali di gossip, ma anche il *Corrierone* e *La Repubblica* che oggigiorno non fanno più tanto i seriosi, saprete che Erica, la sua fidanzata storica, l'ha piantato. E così "ci sono le tue scarpe ancora qua, ma tu te ne sei già andata, c'è ancora la tua parte di soldi in banca, ma tu non ci sei più! C'è ancora la tua patente rosa tutta stropicciata, e nel tuo cassetto un libro letto e una Winston blu". E in questo mesto contesto Cesare che fa, si batte il petto? Macché. I soldi in banca non li guarda neanche – come tutti i bolognesi ha un cattivo rapporto col denaro, secondo l'antico proverbio: *Amucèr di góbbi l'é fadîga, mantgnîri l'é un'angósstia e pêrdri l'é un* *dulåur**. La patente la usa per soffiarsi il naso, il libro l'ha già letto... e dunque punta deciso la sua attenzione sulla Winston (blu), finendo con l'annunciare irriverente: "L'ho fumata". Ora, se voi foste Erica non v'incazzereste? Ma come, è finita una storia importante, avete mollato con dolore l'amore della vostra giovane vita e ora ve ne state fisse in Indonesia dove – questa non è una battuta – avete il vostro bel daffare a schivare attentati, e lui che fa? Si sfumacchia sereno una Winston (blu)? Sarà poi stata davvero una Winston (blu), oppure questa specifica marca è stata inserita solo per questioni di accordi con una multinazionale del tabacco? Sapete, Cesare è un po' come la Formula Uno: già in *Un giorno migliore* si era prestato a reclamizzare le Benson & Hedges.

Abbiamo inserito questa canzone nella top 50 dei pezzi più deprimenti che siano mai stati scritti soprattutto perché i fan di Cremonini, nei (numerosi) blog a lui dedicati, dichiarano di trovarla molto triste. La cosa più triste in assoluto tra quelle elencate dal piacione emiliano è quando si mette a enumerare gli oggetti che Erica si è lasciata alle spalle, sputtanandola pure. Vedi "le calze rotte la notte in cui ti sei ubriacata". Si arriva quindi al finale con deriva bulimica, che è un po' il capolavoro del nostro eccentrico affabulatore: "Ora vivo da solo in questa casa buia e desolata" (chiaro il riferimento dickensiano), "il tempo che dava l'a-

* Accumulare denaro è fatica, conservarlo è una pena e perderlo un dolore.

more lo tengo solo per me. Ogni volta che ti penso mangio chili di marmellata, quella che mi nascondevi tu... l'ho trovata!". *Ninèn.**

DIAGNOSI

Sarebbe facile dire che questa canzone è l'inno di tutti quelli che soffrono perché piantati dalla fidanzata. No, questo è solo il significato più superficiale. Il metasignificato – che è poi quello che interessa a noi – è un altro. In realtà *Marmellata #25* è l'inno di chi soffre di peterpanismo acuto, ovvero vuol rimanere bambino pur di non entrare in una realtà che considera ostile. La sindrome si concretizza nel rinvio dell'assunzione di responsabilità. Il soggetto si rifugia in comportamenti ludici, con l'utilizzo di codici e atteggiamenti monelli, ritenuti diversi da quelli degli adulti (che in realtà si comportano proprio così): rubare le sigarette, strafogarsi di marmellata, frugare nella roba altrui. Spesso la persona colpita da peterpanismo agisce in gruppo o almeno in coppia – ed ecco tornare alla ribalta il fido, e onnipresente, bassista Ballo.

TERAPIA

Per uscire disgustati dal peterpanismo, come da ogni altra cosa, occorre farne un'abbuffata. Ricordia-

* In bolognese, "maiale".

mo che qualcuno, sul tema, ha scritto un intero album: si tratta di Edoardo Bennato, e il disco è *Sono solo canzonette*. Dopo averlo ascoltato più volte, per reazione, sarete probabilmente presi da una gran smania di crescere. In alternativa comincerete a odiare Cremonini, suggestionati dal pezzo di Bennato *Dopo il liceo che potevo far*: "Quel Peter Pan non mi ha fatto niente. Però deve essere un gran fetente".

Tiziano Ferro
SERE NERE

"Critiche? Nessuno me ne fa.
Cercano direttamente di farmi a pezzi."
Tiziano Ferro

Tiziano Ferro è un bravo ragazzo di Latina classe 1980. Ex ciccione respinto dalla casa discografica proprio a causa del suo sovrappeso: *111*, oltre che il titolo del suo secondo album, sono i chili che pesava prima di mettersi a dieta. Sceso sugli 80 e acquisito un look più vendibile, si è guadagnato il suo primo contratto, ma anche la riprovazione dei tanti, tanti appassionati di musica che non sopportano di vedere un tipo ben vestito che canta e balla. Fossero vissuti qualche decennio prima, avrebbero infamato a morte Fred Astaire.

Il bello è che le sue canzoni sono ben lungi dall'esprimere la bambanaggine di certi divi incontestati del rock (non facciamo nomi per eleganza. No, non è vero: è per la paura di essere menati dai loro manager). No, Tiziano, per sua stessa ammissione, si porta dietro la complessità di certi complessi, e pesanti (hihi) due di picche sentimentali. Uno di questi fa da sfondo a *Sere nere*.

Arrangiamento essenziale e voce calda, la strofa parte con un quasi parlato dall'aria innocua: "Ripenserai agli angeli, al caffè caldo svegliandoti". Come abbiamo imparato già nella tenera infanzia, proprio chi sembra amichevole – la matrigna di Biancaneve, i genitori di Pollicino, la moglie di Maurizio Costanzo – poi sferra colpi letali, e infatti il brano ha tutte le intenzioni di precipitarci lentamente ma inesorabilmente nel più fosco sconforto.

Sul tavolo c'è una storia che finisce, e fin qui non c'è nulla che non abbiamo mai visto; il dettaglio interessante è invece il fatto che, coerentemente con la nostra epoca, si tratta di due personaggi di una certa notorietà. Potrebbero essere due importantissime comparse di *Elisa di Rivombrosa*, o due ministri della Repubblica, o una riserva del Cesena e la figlia del re delle carriole: le possibilità sono infinite, la penisola non nega a nessuno un momento (terribilmente lungo) di celebrità.

Sta di fatto che, orribilmente amplificata dall'eco mediatica, "passa distratta la notizia di noi due... Dicono che mi servirà. Se non uccide fortifica. Mentre passa distratta la tua voce alla tv... Tra la radio e il telefono risuonerà il tuo addio". Aiuto. Qui sta l'intuizione cruciale di Titti Ferro. Oggi gli amori finiscono in diretta, davanti a un generoso pubblico, e ne misuri l'importanza con l'Auditel: vieni mollato dalla Lecciso mentre Enzo Paolo Turchi piange a dirotto, e il picco di ascolti lo fa lui. Ti separi da Gabbana, e devi continuare a essere Dolce. E chissà quali altre esperienze traumatiche sono in agguato se sei abbastanza incauto: potresti metterti con Licia Colò, che ti pianta durante la pubblicità poi torna a spiegare come si accoppia il capibara; litigare con la Bignardi, che poi scrive da qualche parte di uscire da una brutta esperienza.

Ma è nel ritornello – che dal parlato svolta di botto nell’urlato, come se un capibara gli fosse strisciato alle spalle e gli avesse addentato il sedere – a esplodere il dolore vero, quello da cui non c’è ritorno. Il dolore “di sere nereeee, che non c’è tempo, non c’ è spazio, e mai nessuno capirà... puoi rima (stacco) nereeee, perché” – poco originale ma lacerante – “fa male, male, male da morire senza te”.

Ecco, l’ha detto. Niente giri di parole, sotterfugi, dita dietro le quali nascondersi: rimasto solo, lui sta male, senza mezze misure – non un po’ di nausea, giramenti di testa, formicolio al cuoio capelluto: sta male da morire. E trascorre allucinanti, grottesche sere *nere*, dei blackout emotivi da paura, paurosi quanto il buio della casa stregata al luna park. Gli si stringe il cuore e fa quello che può – francamente, poche cose, ma peculiari: è triste “tra gli orari e il traffico”, “tra il balcone e il citofono”. Una canzone non può durare un quarto d’ora, altrimenti apprenderemmo che è triste tra il lusco e il brusco, tra l’incudine e il martello, tra il dire e il fare. Ah, e poi combatte il silenzio “parlandogli addosso”. E aggiunge: “Ho levigato la tua assenza solo con le mie braccia”, riportando alla memoria la più esplicita e brutale confessione autoerotica di Umberto Tozzi: “Gloria, manchi a questa mano che lavora piano”. Fino all’amaro calice della vendetta finale: "Più mi vorrai e meno mi vedrai. E meno mi vorrai e più sarò con te". Se avete capito cosa intende, mandateci un'e-mail.

DIAGNOSI

Siamo in un'epoca di mediatizzazione del dolore, della sofferenza, del corpo e della vita. Oggi molti ambiscono a star male in diretta: morire in diretta sarebbe ancora meglio, ma non tutti ci riescono. Perciò questa canzone è adattissima ai fanatici dei reality show – gente seriamente malata di protagonismo, sciagurati che darebbero un arto pur di ottenere il proprio quarto di minuto di celebrità.

TERAPIA

Vasco Rossi, che di fama se ne intende, ci aveva già messo in guardia nel '93. In *Delusa* cantava quanto segue (teniamo a precisare che la punteggiatura è opera di Blasco medesimo): "Sei tu che quando balli così in televisione... chissà com'è orgoglioso di te il tuo papà! E... sì che il gioco è bello così, solo 'guardare'... però quel Boncompagni lì... secondo me... Ehi tu, 'delusa', attenta che chi troppo 'abusa' rischia poi di più...", e via vascheggiando. Se l'ascolto ripetuto di questo brano non è sufficiente a farvi passare la smania di successo, potete sempre tentare di iscrivervi a *Fear Factor*, l'ultimo reality made in Usa. Tra le prove: infilare la testa in una vasca piena di topi, murene o scorpioni, mangiare insetti vivi, sdraiarsi su letti di serpenti, immergersi in una piscina piena di calamari putrefatti. O ci si diverte o si vomita. Che poi, c'è davvero questa grande differenza?

Fiorella Mannoia FRAGILE

"La sua voce trafigge la memoria."
Franco Battiato

La Mannoia, pur sulla breccia da più di trent'anni, sta alla canzone italiana come Ragusa stava all'impero ottomano, e cioè prudentemente ai margini. Non perché non valga – anzi – ma perché è da sempre un'outsider. Donna di misura e discrezione estrema, poco amante dello show-biz, e anche donna di spessore, nel corso della carriera ha scelto di accompagnarsi ad alcuni dei figuri più ferali che popolano la storia del pop (oppure, che rockolano la storia del rock. Se avete letto battute più deficienti in altri libri di musica, mandateci un SMS). Tra i suoi compagni di strada ricordiamo infatti i tristerrimi De André, De Gregori, Avion Travel, il brasiliano Caetano Veloso e, inevitabilmente, Fossati. Tutti fuoriclasse, ma (proprio per questo?) tristi; per citare Paolo Conte, altro amico di Fiorella, tristi "come una salita". Tristi come una puntata di *Lucignolo* o addirittura come Rovigo, ai cui cittadini mandiamo un saluto secondo la tecnica usata in tv quando si ha paura di aver dato sui nervi a qualcuno. Rovigo è una cara amica e la salutiamo.

Come dicono in Australia, a frequentare i canguri dopo un po' si saltella. Sicché, il testo più plumbeo della produzione mannoiesca proviene direttamente da casa sua, ovvero da Piero Fabrizi che di Fiorella è produttore, chitarrista, nonché storico partner. Possiamo immaginare la complicità dei due nel fantasticare, tenendosi per mano davanti a un gatto morto in una tagliola, la creazione del brano più dolente possibile, fiorello all'occhiello di un'artista che ha vinto *tre volte* la Targa Tenco, il premio più mogio che esista.

Ci sono riusciti? Lo lasciamo dire a un *magister tristitiae* come Ivano Fossati, che sul suo sito Internet descrive *Fragile* come "un brano cupo e triste che esprime lo struggente senso di smarrimento, di vuoto, di paura e di solitudine conseguente alla fine di un rapporto". Ricevere questo giudizio da Fossati è come per un ristorante prendere tre stelle dalla Guida Michelin. Del resto, *Fragile* comincia con un carico da novanta: "Mai nessuna meraviglia potrà più toccarmi, mai nessuna comprensione potrà mai guarirmi. Mai nessuna punizione sarà più severa, mai nessuna condizione sarà mai più vera". Edgar Allan Poe, sulla sua nuvola circondata da corvi, avrà avuto un brivido di piacere. Il seguito è lineare e coerente: "Se il mio cuore avesse fiato correrebbe ancora, e invece resta lacerato dentro una tagliola" (ouch!), con il ritornello a sottolineare la miseranda condizione in cui versa la Mannoia: "Non ho più te, sono sola al mondo". Ciumbia, neanche uno straccio di amico. Un parente? Un commercialista? "Non ho più te, buio più profondo."

Gulp, sob, pant, direbbe Paperino. Del resto i due vivevano in una casa arredata come un tempio e dipinta secondo il gusto di Marilyn Manson: "È un altare di ricordi questa stanza nera", spiega Fiorella, che conclude rassegnata e tira finalmente in ballo il titolo: "Sono fragile perché non ho più te".

A parte il fatto che speriamo che dal 2001 in poi qualcuno si sia fatto avanti, vorremmo sottolineare un elemento particolarmente rilevante di questa canzone: l'arrangiamento radio-friendly, che contrasta con i contenuti. (Tipico di molte altre canzoni tristi degli ultimi anni: pensiamo anche a *Marmellata #25* di Cremonini – da noi già scrupolosamente analizzata – *Amore impossibile* dei Tiromancino o *Mentre tutto scorre* dei Negramaro.) Se leggi solo il testo vorresti essere inghiottito da un calamaro gigante, ma la musica suona tanto allegra e accattivante che potresti usarla come un carillon per il tuo bebè, e parte della deprimenza sta proprio qui: essere costretti a mantenere un ritmo gioioso (allegria, allegria! Fate ballare quei piedini!) mentre ci si sente la morte nel cuore. Sarà che il successo di molte canzoni ormai lo decretano le radio – come sappiamo, strumento del diavolo – e questo i cantanti l'hanno bell'e che capito. Anzi, dev'essere questo che li rende così infelici.

DIAGNOSI

Questa canzone piace a chi si sente fragile, ma non ha nessuna intenzione di maneggiarsi con cura. A chi, fuor di metafora, vuole scivolare nel più profondo degli abissi di disperazione, effetto facilmente ottenibile selezionando la funzione "repeat" dello stereo e ascoltando il brano per tutta la notte. Di solito gli individui fragili, dopo aver sperimentato situazioni di panico, inadeguatezza e vulnerabilità, si mettono in posizione di difesa; la reazione estrema di questi individui è attaccare l'avversario o il presunto tale, cioè colui che è ritenuto responsabile della propria fragilità (in questo caso, l'ex fidanzato della protagonista del brano), metaforicamente o fisicamente. Oggetti molto apprezzati per tale incombenza sono bicchieri e stoviglie di casa.

TERAPIA

Per chi viene colpito dai bicchieri in questione la cosa migliore è fare un salto al pronto soccorso; al massimo, se non sarete ritenuti pazienti urgenti, c'è da pagare il ticket (23 euro in Emilia Romagna, mentre in Lombardia è 35. Pensate il nervoso di uno che sta a Cremona). Per i fragili desiderosi di crogiolarsi nella propria condizione di incertezza e tedio, invece, niente di meglio che ascoltare un qualunque album della Mannoia – che i pochi inqualificabili detrattori definiscono "la cantante che meritava l'apostrofo".

Francesco Guccini INCONTRO

"... Pensando confuso al mistero
dei tanti 'io sarò'
diventati per sempre 'io ero'..."
Francesco Guccini

Scrivendo questo libro, gli autori sono consapevoli di tirarsi addosso la possibile vendetta di tutti i fan dei cantanti chiamati in causa.

Noi naturalmente, come fanno alla radio e in tv, ci fingeremo amici dei cantanti in questione e diremo con espressione giovialona: "Ma si fa pe' scherzare! Anzi, ne approfittiamo per mandare un salutone a Ivano e Renato e ai Gemelli DiVersi, che sono persone spiritose".

(... a Claudio Villa, Buscaglione, Tenco e tanti altri che non sono più in questa parte di mondo, mandare un salutone è più difficile. Sfiga. Be', non è mica colpa nostra!)

Ma anche arrovellandoci alla ricerca di uno stratagemma per ridurre le ritorsioni degli ammiratori meno disposti a ridacchiare dei loro beniamini, quello che temiamo sopra ogni cosa è che le loro preghiere vengano esaudite non da un energumeno con un randello, ma dalla Maledizione di Guccini. Francesco Guccini, il serial killer della canzone.

Così, su due piedi, nel cimitero gucciniano sappiamo presenti: il tipo che va a schiantarsi con la *Locomotiva* contro un treno pieno di signori (passati a miglior vita anche loro); l'amica che "lunga e diritta correva la strada" e poi badabang (*In morte di S.F.*), i bambini di *Auschwitz*, la ragazza di *Venezia* (città che, tutti dicono, sta morendo da secoli), il soldato de *Il caduto*, Dio (che *è morto*), Noi (sì, noi. Sapete com'è: *Noi non ci saremo*). Ah, e poi, sempre andando a memoria in quarant'anni di repertorio, i protagonisti della *Ballata degli annegati* che riesce a precedere di un anno l'altrettanto gaia *Ballata degli impiccati* di De André (che, purtroppo, è morto anche lui).

Ma non solo: ci hanno ahinoi lasciato anche i suoi amici Augusto Daolio dei Nomadi, il Bonvi di *Sturmtruppen*, e Andrea Pazienza, che in una memorabile striscia dell'albo *Pertini*, disegnò se stesso insieme al presidentissimo mentre in un tetro bosco si imbatte in un orco barbuto a nome "Guccino". Pertini strilla: "Scappiamo! Porta una sfiga terribile!". Nella vignetta finale Pertini e Pazienza scappano con le mani scaramanticamente poste sui cosiddetti ("Gratta, gratta, Pazziè!") mentre Guccino li insegue cantando "non lo sapevi che c'era LA MORTEH!". Ebbene, sia Pertini che Pazienza non sono più tra noi. Come vedete, è peggio di Tutankhamon. Sperava forse di campare, Freccia del film *Radiofreccia*, quel bassorilievo ambulante mirabilmente interpretato da Stefano Accorsi, ritrovandosi Guccini come barista?

In *Incontro*, invece, il morto compare a metà, per un attimo fuggente: un cameo, si potrebbe dire. È colui che ha preso il posto di Guccini nel cuore della sua ex, incontrata lungo le scale. La sorte del poverino era segnata fin dal primo momento. E così, "come in un libro scritto male, lui si era ucciso per Natale". Beh, come dicono proprio in Emilia: "... boia!" (e chi negherà che tale espressione si addica almeno un poco all'estroverso cantautore, vista la quantità di vittime mietute).

Come già detto, lo sventurato ex non è il protagonista della canzone. E non lo è nemmeno "la nostra città tanto triste": ventosa, nebbiosa, "straniera, incredibile e fredda" (sarebbe Modena. Mai vista Pordenone, vero?). Ci piacerebbe dire che il vero protagonista è il sentimento descritto nel memorabile verso, il più amato dai gucciniani doc: "La tristezza poi ci avvolse come miele" (mmmmm... fantastico!), sentimento chiamato in causa, con la compiaciuta erre rotante, anche dalla "città tanto thrhiste" e dal "thrhiste racconto" di lei.

No, il tema portante è il tempo che passa: "Il tempo prende il tempo dà" (non si sa cosa: è una di quelle frasi che stanno bene nelle canzoni), in un nostalgico *amarcord* scritto da uno che all'epoca aveva poco più di trent'anni. Oggi ne ha circa il doppio, e speriamo che nei decenni successivi abbia vissuto guardando anche avanti, ogni tanto. Certo non è stato aiutato dalla malsanissima passione per Guido Gozzano, citato velatamente nelle "stoviglie color nostalgia" (vedi gli occhi azzurri "d'un azzurro di stoviglia" della signorina Felicita, malinconico filarino del poeta piemontese) e per Hemingway, citato apertamente. Sì, Ernest Hemingway, che si è ucciso dopo tre tentativi, a luglio e non per Natale – questo perché *lui* non scriveva male. Alla fine il verdetto è implacabile: siamo tutti transitori (specie se frequentiamo Guccini), siamo "qualcosa che non resta, frasi vuote nella testa", e soprattutto corriamo semphrhe in una direzione: "Quale sia e che senso abbia, chi lo sa". Beh, quel che è chiaro è che lui corre via da lei: "Povera amica che narravi dieci anni in poche frasi, e io i miei in un solo saluto". Proprio così: lui saluta rapidamente e se la svigna perché, e ci vuole tutta, è convinto che LEI porti sfiga.

DIAGNOSI

Incontro è la canzone di chi ha nostalgia del tempo trascorso a studiare al liceo, innamorandosi delle belle lettere. Dei pomeriggi passati a struggersi su Gozzano e le rose che non colse (guarda se si può essere babbei), a intristirsi su *Il vecchio e il mare*, a convincersi già a diciott'anni che la vita è effimera, a provare l'emarginazione delle anime sensibili in città di provincia possibilmente fredde (non che a Catanzaro ci siano maggiori prospettive) e scuotere la testa pensando alla stolida ignoranza dei compagni di classe andati in discoteca a oscillare scimmieschi. Per poi accorgersi anni dopo, di fronte allo stipendio da insegnante di lettere, che tanta soffusa poesia gli ha fatto solo male. E che tra lo Hemingway che in *Festa mobile* descrive Scott Fitzgerald come uno smidollato, capace di correre per mezz'ora ridendo e ululando nella porta girevole di un albergo, e Fitzgerald stesso, avrebbe casomai dovuto scegliere il secondo, invece di concludere in giovane età che "noi corriamo sempre in una direzione, ma qual sia e che senso abbia, chi lo sa". Può anche darsi che sia vero, ma provate a farlo ridendo e ululando.

TERAPIA

Lo struggimento nostalgico è un morbo terribilmente diffuso. C'è gente che ha nostalgia dei telefilm più scemi (*Supercar*: può bastare?), dei telecronisti di una volta ("ah, com'era preciso Gianfranco De Laurentis"), delle merendine dell'infanzia (cfr. Nanni Moretti), dei democristiani ("perché magari rubavano ma avevano decoro"). Lo struggimento nostalgico per il tempo andato – e impiegato stupidamente – va sconfitto buttandosi nel futuro immediato: prescriviamo pertanto Rocky Roberts e la sua *Stasera mi butto*, che peraltro sottintende anche una direzione precisa e piuttosto allettante in cui buttarsi. O come avrebbe detto il Rocky: bucciarsi.

Ivan Graziani
AGNESE

"Sì, vorrei rubarla!"

Ivan Graziani

Se pensate che il caso Unipol sia contorto, sentite questa storia. Quando, nel 1979, Ivan Graziani pubblicò *Agnese*, non raccontò a nessuno di essersi ispirato un po' troppo a *A Groovy Kind of Love*: un pezzo degli oscuri Mindbenders, uscito nel 1965. E che già i Camaleonti, con il titolo *Non c'è più nessuno*, avevano rifatto nel 1966. La cosa venne alla luce solo nel 1991, quando Phil Collins ripubblicò l'originale – per sentirsi accusare di plagio dai fan di Graziani. Invece no: Collins era innocente, almeno questa volta. Ma attenzione, perché anche i Mindbenders dovevano qualcosa a qualcuno: il loro pezzo, infatti, è pericolosamente simile alla *Sonatina op. 36 n. 5*, un esercizio per pianoforte scritto alla fine del Settecento da Muzio Clementi. Insomma, una spirale senza fine, dalla quale possiamo dedurre che questa melodia perseguita l'umanità a intervalli regolari come la malaria. Certo, la tristezza di *Agnese* è diversa da quella di *A Groovy Kind of Love*, che parla di un tipo che si sente depresso e che per tirarsi su guarda la sua fidanzata e oplà!, di colpo è felice come un pingone. Ed è diversa anche da *Non c'è più nessuno*, canzone dalla sorte triste, perché pur essendo musicalmente identica non riuscì a sfondare, probabilmente a causa del testo tanto patetico da risultare imbecille: "Non c'è più nessuno che mi aiuti un poco, non c'è più nessuno, son rimasto solo, vedo tutto il mondo che mi crolla intorno". E diversa anche dalla madre di tutte le Agnesi, ovvero la *Sonatina* di Clementi – deprimente soprattutto per chi la suona, ed è costretto dalla mamma a studiare il pianoforte e infrangere i maroni ai vicini mentre preferirebbe giocare alla PlayStation.

Agnese è un'altra cosa. Esordisce con un "prestito" – anch'esso non dichiarato, porca l'oca. Apriamo la frase "se la mia chitarra piange dolcemente" e nascosta in un doppiofondo ci troviamo "While my guitar gently weeps", tirata su dopo che il nostro amico si era intrufolato in casa dei Beatles. Siamo già a due citazioni, eh, Ivan. Mica per caso hai scritto *Pigro*.

Intermezzo: Ivan Graziani non è più tra noi. Di solito, in Italia, questo porta alla beatificazione – e a un balzo in hit parade causato da chi non ha avuto sufficiente stima dell'artista quand'era vivo. Il nostro tributo a Ivan è invece trattarlo come se fosse qui tra noi, cosa che ci farebbe molto piacere, molto più che ascoltare qualche sua canzone triste triste triste, triste triste triste, triste triste triste, triste come lui (cfr. *Firenze*). Se fosse qui con noi, al mariuolo abruzzese tireremmo le orecchie due volte. Anzi tre, perché a un certo punto ha tentato di copiare un'altra cosa: il look di Elton John.

Ma, alla buon'ora!, la canzone prende corpo e respiro autonomo. Il protagonista è un tipo semplice, innamorato di una certa Agnese, una ragazza "color di cioccolata" (lampadata o afroamericana?), che lui si porta in giro un po' qua e un po' là, per esempio "in riva al mare", sulla sabbia infuocata. Alla fine Agnese parte e il nostro amico si chiede: "Perché non l'ho dimenticata?". Abbiamo dei sospetti, ma per il momento ce li teniamo per noi e rimaniamo lì, marpioni. "Agnese, dolce Agnese", si è fatta scorrazzare in bicicletta, gli ha raccontato del suo corpo "con malizia ed allegria" (ehilà, ehilà), ha teso verso di lui le labbra umide e morbide... (alè, dai che ci siamo)... e poi si è sottratta. "Adesso che ci penso, non ti ho mai baciata", si rende conto il protagonista alla fine della canzone.

Da non crederci.

Agnese, dolce Agnese, regina delle profumiere: gliela fa annusare e poi lo lascia a secco, anzi, a bere i suoi "liquori inquinati" (vino al metanolo?). Cosa ci hai guadagnato, Agnese, dolce Agnese? Tu ora sei tornata a casa tua – probabilmente a intortare un altro povero giovane – e qui da noi c'è un tipo che va in bicicletta per sentirsi "vivo, alle cinque di mattina, con la nebbia nei polmoni". Chiudiamole davvero, queste frontiere.

DIAGNOSI

Questa canzone piace molto ai goffi e agli impiastri. A tutti quelli che al momento giusto non riescono a farsi avanti, e anziché provarci con la ragazza di cui sono innamorati preferiscono tornare a casa, chiudersi nella propria stanzetta, buttarsi sul letto e ascoltare Graziani che canta in falsetto. Magari acuendo il proprio malsano piacere pensando: "Poverino, è anche morto". Si tratta di persone che fanno una fatica spettacolosa a creare relazioni sessuali o emozionalmente intime con gli altri. Soffrono di una forma molto seria di timidezza nelle relazioni informali, e a maggior ragione non riescono a trovare possibili partner per relazioni intime. Secondo alcuni studi la timidezza d'amore colpisce l'1,5% della popolazione maschile. Altri studiosi, invece, ritengono questa forma di timidezza una semplice conseguenza della sindrome di Asperger, un disordine dello sviluppo imparentato con l'autismo. Chi ne soffre ha difficoltà di interazione sociale o addirittura hobby peculiari a cui si dedica con passione meticolosa: studiare a fondo eventi e protagonisti della lotta libera degli anni cinquanta, collezionare ritagli di giornale su Sandra Milo, o chicchi di riso. Molti individui affetti da questa sindrome sviluppano una grande passione per i mezzi di trasporto: treni, auto e anche biciclette – che infatti ritroviamo in *Agnese*.

TERAPIA

Una terapia è difficile se non impossibile. Con persone affette da questa sindrome, l'unica cosa da fare è cercare di essere Clementi (sì, proprio come Muzio, quello che scrisse la *Sonatina*). Finché qualcosa non vi viene addosso nella nebbia.

Enzo Jannacci VINCENZINA E LA FABBRICA

"Sono uno che canta i disgraziati."
Enzo Jannacci

Romanzo popolare, film di Monicelli, sta a *Vincenzina* come *Philadelphia* di Demme sta alla canzone di Bruce Springsteen: entrambi si appoggiano alla canzone mentre incedono un po' malfermi. Del resto, entrambe le canzoni sono di solidità inscalfibile: *Vincenzina e la fabbrica*, apogeo del cantar dolente del dottor Jannacci, dura poco ma è un macigno. Dev'essere stato un pugno all'addome per i tanti che fino a quel momento continuavano ostinatamente a considerare Jannacci un cabarettista prestato alla canzone (con tutto che *Vengo anch'io no tu no* è il più inquietante trattato sull'esclusione che sia mai stato scritto da queste parti) o, nel migliore dei casi, un "cantante dialettale".

Ascoltando la canzone bisogna dimenticare la Vincenzina del film – che per di più è Ornella Muti – e lavorare di immaginazione sovrapponendo i plumbei anni settanta e l'attuale, colorato decennio ipervitaminizzato e incompiutamente computerizzato (non è un ghirigoro lessicale buttato lì per pavoneggiarci: Jannacci, con Beppe Viola, scrisse in quegli anni un libro intitolato, profeticamente, *L'incompiuter*). La Vincenzina della canzone non è quella del film, okay? Tanto per cominciare perché non le si può dare la faccia di una che di lì a poco avrebbe fatto la principessina con Celentano (*Innamorato pazzo*). La faccia della Vincenzina della canzone peraltro non si può immaginare nemmeno troppo bene, semicoperta com'è da un foulard – e già qui a tutti noi, Jannacci in testa, si stringe il cuore: "Vincenzina, il foulard non si mette più".

Il foulard è il suo biglietto da visita di figurina travolta, più che dalla fabbrica, dal progresso. Basta fare un salto in avanti, oltre l'industrializzazione rozza e sporca di grasso dell'Italia dei decenni scorsi, per arrivare a un concetto di progresso più aggiornato, ovvero all'esimio Miracolo Italiano. In pratica, un Paese dove la Vincenzina del 2000, precaria, a contratto, temporanea, interinale, e chi più ne ha più ne tolga (questa era una battuta sperimentale, fateci sapere se l'avete capita e la useremo in occasioni ufficiali), si fa forza pensando che, a furia di fare chilometri nel Grande Raccordo Aziendale in cui è entrata, prima o poi arriverà a una qualche destinazione. E intanto si sbatte, crede nel progetto, tifa per l'azienda, ne capisce le esigenze e disapprova chi non mette il cuore nelle quattro ore di interviste telefoniche a otto euro l'ora. Perché oggi come ieri, "Vincenzina *vuol bene* alla fabbrica".

La constatazione più lacerante del testo (che è piuttosto breve, ma pare lungo perché Jannacci, a capo chino e con un abnorme groppo in gola, lo trascina come una bicicletta bucata) è che per Vincenzina la fabbrica è un luogo coccoloso e rassicurante. Viceversa, là fuori, ciò che è creato per tirare su il morale e creare aggregazione, dà solamente delusioni a saracche: "Zero a zero anche ieri 'sto Milan qui, con Rivera che ormai non mi segna più... Il padrone non c'ha neanche 'sti problemi qui".

Con una spettacolare intuizione, quando il Milan, da squadra proletaria della Milano "di serie B" diventò squadra del Padrone per eccellenza, Jannacci cambiò il testo. Nella versione odierna, il Milan continua a non vedere la porta (evidentemente il cambiamento è avvenuto nel periodo successivo al ritiro di Van Basten), ma ora "Rivera *non mi gioca* più". La finezza, per chi è digiuno di palla, include non solo il ritiro per limiti di età del Ragazzo d'oro del calcio italiano, ma anche il fatto che questi, bandiera del Milan del passato, sia stato escluso dalla dirigenza nel nuovo corso berlusconiano, e quindi in definitiva anche lui spazzato dal furore del Miracolo Italiano proprio come Vincenzina. Come dicono a Milano: *alègher*!

DIAGNOSI

Parecchia nostalgia in circolo per coloro che versano lacrime per Vincenzina: nostalgia per un tempo non idilliaco, anzi molto più bigio e deprimente, però comprensibile. Quello delle vecchie fabbricone grigie era sì sfruttamento, ma aveva la faccia apertamente bieca di un padrone che non si rendeva accattivante col calcio come i presidenti di serie A attuali. E c'era una fabbrica che era un'istituzione protettiva, con un senso di comunità tra i lavoratori. Chi oggi si duole per Vincenzina in fondo un po' la invidia, e fantastica che esista un contenitore che si prenda cura di lui: le invidia la speranza di un luogo in cui può entrare, in cui lo fanno entrare. Il precario dei nostri tempi non ha nemmeno la fabbrica dove andare, se gli va bene fa turni di mezza giornata in un hangar con quattromila telefoni e terminali, oppure li fa da casa dei suoi, e gli tocca pure sentirsi dire dalla tv che non lascia il nido perché è un bambinone attaccato alla mamma.

Non c'è niente di propriamente patologico in questo senso di sgomento epocale e personale, che però si accompagna, in modo molto interessante, all'elaborazione di un disprezzo ingente e incontrollabile per quelli che sono considerati i simboli dello stressante momentaccio, dal McDonald al McCavaliere. Se il paziente – pardon, l'ascoltatore – comincia a schiumare di rabbia verso chi gli nega persino i piccoli sogni di Vincenzina, si può parlare di disturbo post-traumatico da stress: tristezza, senso di impotenza e di vuoto, intensa rabbia, voglia di tirare un treppiede... Cose che possono capitare a chi subisce il trauma di ricevere una busta paga di serie B.

TERAPIA

Ma non tutto lo stress viene per nuocere! C'è il *Di-Stress* (ovvero lo stress "cattivo", quello che ci sollecita in una maniera a cui siamo incapaci di rispondere) e l'*Eu-Stress* (lo stress benefico, che ci sprona e ci guida a superare le prove della vita). Quando nella vita di tutti giorni usiamo il termine "stress" ci riferiamo prevalentemente al *Di-Stress*, che se non viene risolto si articola in tre stadi distinti e progressivi: stadio di allarme, stadio di resistenza, stadio di esaurimento. Il grande maestro orientale Sri Yukteswar disse: "Guarda la paura in faccia ed essa cesserà di turbarti". Se dopo averla guardata continuate a essere turbati, beh, cosa potreste fare, vediamo... Mah, forse avete solo un modo per salvarvi: andate in beauty-farm, fate un bagno di fieno e come colonna sonora chiedete una canzone lobotomizzante. L'ideale sarebbe qualcosa degli Squallor, tipo *Uccelli d'Italia*, *Chi cazzo mo fa fa'* oppure *Albachiava*. Cinque minuti di questa roba e non sentirete più niente. Niente. Niente. Niente. Niente.

Niente.

Ivano Fossati
LA COSTRUZIONE DI UN AMORE

> "Rimango più o meno ai margini
> nelle classifiche di vendita
> perché non pratico la pedofilia musicale."
>
> Ivano Fossati

A dispetto dell'ottimismo del titolo, questo brano sembra piuttosto la colonna sonora della *fine di un* amore. Sarà per il modo di cantare che ha Fossati, rallentato e intenso; sarà per la musica scarna, che quasi non ce n'è bisogno.

E comunque. Qui si parla di un amore in cocci, più che di un amore gioioso. Anzi, peggio: della prospettiva di un amore in cocci. Come qualcosa che sta per succedere ed è inevitabile, ma per ora se ne sta lì, sospeso nell'aria. E c'è l'illusione fugace che le cose possano andare bene: "La costruzione del mio amore mi piace guardarla salire, come un grattacielo di cento piani o come un girasole". Ma è un tranello, perché nessuna delle due cose, le Twin Towers e i fioristi ce lo insegnano, è destinata a durare in eterno. Del resto l'incipit ci aveva avvisato: "La costruzione di un amore spezza le vene delle mani, mescola il sangue col sudore se te ne rimane". Belin, peggio della Finanziaria da lacrime e sangue. E poi ci scusi Fossati se lo citiamo a man bassa, ma accidenti, non c'è proprio speranza se la costruzione di un amore "è come un altare di sabbia in riva al mare", che bastano la marea della sera o un bambino dispettoso per spazzarlo via.

Ora, a chi è destinata a piacere questa canzone? A tutte le anime sensibili, certo, okay, non si discute, non ci permetteremmo mai. Ma soprattutto a quelle inclini a un certo pessimismo sui rapporti sentimentali. Che all'interno di un brano tanto triste eleggono unanimi come "strofa tristerrima" quella che dice: "Dietro una porta un po' d'amore per quando non ci sarà tempo di fare l'amore, per quando farai buttare via la mia sola fotografia".

Eh, insomma. Che mazzata. Nemmeno si prende la briga di buttarla da sé, quell'unica fotografia; la fa buttare via dalla donna delle pulizie. Che poi, perché *una sola* fotografia, in una relazione tanto importante? Fossati non è George Clooney, ma almeno un paio di scatti, via. O forse il meglio sta su un filmino amatoriale come quello che hanno fatto il batterista dei Mötley Crüe e Pamela Anderson?

DIAGNOSI

Anni fa Fossati ha avuto una storia d'amore con una giovane Nancy Brilli. La maggior parte degli uomini ne avrebbe tratto canzoni euforiche e mambeggianti. Lui, no. Lui è un poeta. È tenuto a dirigere tutto verso l'esito più miserevole. Di conseguenza, nonostante dichiari di "metterci l'esperienza, come su un albero di Natale" (vedi che è un poeta? La maggior parte della gente ci mette le palline), s'è bell'e che capito che questa relazione è destinata ad andare a professioniste del mestiere più antico del mondo. Chi soffre per la fine di una relazione tanto significativa è solito gettarsi in un'elaborazione del lutto che molto spesso è preventiva. Perché una storia d'amore è sempre (quasi sempre) significativa, ma vattelapesca perché, quasi tutti noi ne capiamo il significato solo quando è finita. Il brano è quindi destinato soprattutto a chi in fondo in fondo si esalta nel rievocare l'inabissamento stile Andrea Doria dell'amore della sua vita, aggiungendo nuovi particolari desolanti, stati di profonda malinconia, cupa disperazione e ossessione allucinatoria. Nel testo: "Sono qui e mi meraviglia tanto da mordermi le braccia; ma no, sono proprio io, lo specchio ha la mia faccia". Poi non si chieda perché gli amici non lo chiamano il sabato sera. In un'intervista Fossati ha giurato che dopo la fine di un amore lui prova una "solitudine armoniosa", ma nessuno gli crede. Soprattutto la tipa che l'ha mollato. Ha sofferto anche lei ma poi probabilmente si è messa con il suo istruttore di acquagym, e finalmente la mattina a colazione può parlare di cazzate e non è costretta a vederlo curvo e sofferentissimo sul piano mentre compone *Discanto*.

TERAPIA

La terapia per liberarsi dallo spettro di *La costruzione di un amore* (e dell'ex fidanzata/o) è una sola: l'ascolto ripetuto in loop, finché d'un tratto si verifica l'inevitabile *decostruzione*. Volendo può essere utile martellarsi ulteriormente le ginocchia con la cover che ne hanno fatto i La Crus. Oppure con la parafrasi dei Delta V: brano simile, intitolato però *La costruzione di un errore*. In effetti...

Fabrizio De André
LA CANZONE DI MARINELLA

"La storia di Marinella è la storia
di cosa può succedere all'amore."
Roberto Vecchioni

Come già brillantemente intuito da Schubert, *La morte e la fanciulla* costituiscono un binomio vincente. Legioni di parolieri e cantautori della penisola si sono esaltati nel dare l'una all'altra.

Come soggetto, è un autentico banco di prova, un'iniziazione, una credenziale necessaria senza la quale il pubblico italiano difficilmente concede la patente di ispirato artista: impossibile fidarsi di uno che non declama versi davanti a un cadavere. Con gli anni si è cercato di apportare gustose variazioni al tema, facendo in modo, per esempio, che la fanciulla venga ridotta in fin di vita ma *sopravviva (L'amore rubato* di Barbarossa, *Mary* dei Gemelli DiVersi). Lasciando il dubbio: forse era il caso di darle il colpo di grazia nell'ultima strofa?

Sappiamo, qui, di andare piuttosto controvento. Per almeno due motivi: il primo è che De André è un artista di enorme spessore. Il secondo è che purtroppo è a sua volta andato a dormire "sulla collina" dove tanti suoi personaggi lo hanno preceduto, dagli impiccati dell'omonima ballata ai defunti presi a prestito dall'*Antologia di Spoon River* (*Non al denaro, non all'amore né al cielo*), dall'amico Tenco (*Preghiera in gennaio*) a *Piero* (*La guerra di*), *Geordie*, *Miché (La ballata di)*, *Marinella*.

Oh, ecco: Marinella.

Ora, non vogliamo togliere nulla a De André. Un po' perché non c'è nulla che gli si possa togliere. Un po' perché abbiamo un certo timore dei suoi estimatori. Anche se siamo persuasi che, a lui personalmente, il fatto di essere incluso in questa raccolta avrebbe strappato un sogghigno. La *Canzone di Marinella* è uno dei maggiori successi del cantautore genovese, il più conosciuto dagli italiani. Non è un caso che una sua versione matura sia anche uno degli ultimi brani da lui pubblicati, in occasione di un duetto con Mina. In tale occasione De André, forse a disagio di fronte all'antico fantasma (di Marinella, e di Mina), dà l'impressione di "porgere" la canzone in modo sussiegoso, alla Dean Martin.

Fin dalla prima frase ("Questa di Marinella è la storia vera") ci viene chiarito che la *verità* della storia è un elemento cruciale. De André, adottando un tono realmente funebre nel quale ha pochissimi rivali, premette un po' sdegnosamente: se non vi commuovete, peggio per voi, perché me la fossi inventata, 'sta storia! Notate bene: nella musica pop italiana la ricattatoria premessa di realismo funziona sempre, e viene rivendicata, per fare esempi veloci, anche da Venditti per

Lilly e dai già citati Gemelli DiVersi per *Mary* (brani assimilabili a *Marinella* per la comparsa del nome femminile nel titolo, a esaltare il ruolo sacrificale dell'eroina eponima. Nel caso di *Lilly*, l'eroina è in doppia dose. Scusate, era per alleggerire la tensione).

Dopo poche parole, De André ci fa capire che sta cantando di una morta. Di conseguenza, per tutta la canzone, stiamo seguendo un carro funebre: ciò implica che anche il momento di piacere centrale che Marinella si concede è pregno di dolore: ne contiene il germe. Stando al testo, Marinella non fa una gran vita. È sola. Senza il ricordo di un dolore, ma anche senza il sogno di un amore. D'un tratto, la svolta: un tizio con un cappello bianco e un mantello rosso (probabilmente un lettore di *Monsieur*) bussa alla sua porta. Lui la porta a fare un giro sotto il sole, la bacia, e poi, col favore delle tenebre e della stanchezza di lei (sapete, "c'era la luna e aveva gli occhi stanchi"), le mette le mani addosso. Non respinto: "Furono baci e furono sorrisi". Poi, "furono soltanto fiordalisi" (... sarà, ma in giro c'è più odore di crisantemi).

I fiordalisi "vedono con gli occhi delle stelle fremere al vento e ai baci la tua pelle". Qui, per onestà, ricordiamo che De André doveva fare i conti con un pubblico abituato al predominio furibondo del lirismo sanremese, quindi gli perdoniamo il sovradosaggio di saccarosio.

È a metà canzone che Faber piazza la sprangata. "Dicono poi che mentre ritornavi, nel fiume chissà come scivolavi..."

Belandi, un momento – come sarebbe a dire? Cosa è successo? Era ubriaca? L'auto ha sbandato? E lui, il dandy col cappello, dov'era finito, nel frattempo? De André non dice nulla, e qui è veramente bieco, perché ci riconduce alla sfiga sovrana che ha sadicamente imposto a Marinella: vita grama, morte balenga. È molto possibile che negli anni, incalzato dagli agiografi (e dalla scientifica), De André abbia dato spiegazioni più circostanziate. Oppure, che con lo scivolamento nel fiume abbia voluto concedersi una metafora. Che però noi, rettili che siamo, non gli concediamo, perché la canzone, se ve lo siete dimenticati, iniziava con le parole: "Questa di Marinella è la storia VERA". Indi, noi ci aspettiamo che Marinella, stante anche la giornata ventosa, sia concretamente ruzzata nel canale: vuoi perché, ebbra d'amore, camminava sbilenca come Cher in *Stregata dalla luna*; vuoi per eminente goffaggine. Terza, robusta ipotesi: s'è buttata. Questo perché è sposata (ancorché non innamorata del marito, rimanendo sul testo) e come Madame Bovary sa di essere in fallo. Come si suol dire.

Come vedete, è una ridda di ipotesi contrastanti che svela come anche in gioventù De André conoscesse i segreti del canzonettista italiano: fare in modo che nessuno ci veda troppo chiaro, sparando lacrimogeni indiscriminatamente verso la popolazione civile. La sommità dello strazio si raggiunge nella parte in cui lui non la vuole creder morta, e bussa "cent'anni ancora" alla sua porta. Già, certo: a chi vuol darla a bere? Lui dov'era mentre lei andava a dormire coi pesci? Ce l'ha un alibi o la sua è una strategia mediatica concordata con l'avvocato Taormina?

DIAGNOSI

In ogni caso, sia che la protagonista si sia buttata o che fosse semplicemente malaccorta, dietro la vicenda di Marinella ci sono secoli di cattolicesimo e decenni di giornalismo sportivo (diciamo sul serio: in Italia, il giornalismo sportivo è complementare alla predica domenicale e condiziona in egual misura). Perché è più facile avvicinarsi alla parabola (discendente, nel vero senso della parola) di Marinella se si è intimamente convinti che alla fin fine, l'amore porta dolore, che le persone timide e sensibili devono starsene nel guscio come i paguri e non osare, giacché – come ammoniva Gianni Brera – se non giochi prudente, ti esponi all'attacco avversario: a chi mostra baldanza, gli bucan la panza.

Ecco, con questo siamo arrivati al punto. *Marinella* è uno dei momenti di massima perfezione della canzone depressiva italiana. Contiene un cocktail devastante dei temi più tipici: senso di inadeguatezza personale, nichilismo, solitudine, senso di colpa, aspettative di punizione meritata e, ovviamente, pensieri di morte. La base è schizoide (distacco dalle relazioni sociali, poco interesse nel sesso, affettività appiattita), con una cruciale connotazione evitante: mai assumere rischi né tentare di spassarsela. Le Marinelle del mondo fanno meglio a volare basso: lo dicono la tragedia greca, lo dice la nostra religione preferita, e lo dice parecchia gente che risiede in Costa Smeralda.

TERAPIA

Una cura efficace contro la depressione è la terapia cognitiva: un approccio attivo, limitato nel tempo, strutturato, flessibile, umanistico. Il fine della terapia cognitiva è quello di risolvere i problemi attraverso una "divisione dei compiti": è il paziente che definisce i limiti dell'analisi, è il terapeuta che sorveglia il corretto uso del metodo. In sostanza, il malato si pone degli obiettivi e il medico lo aiuta a raggiungerli con il metodo di "bastone e carota". Si tratta di una tecnica faticosa ma premiante, soprattutto sul lungo periodo. In alternativa, è possibile assumere farmaci oppure ascoltare la discografia completa dei Prozac +. Il più indicato è di sicuro *Acido acida*.

Gemelli DiVersi MARY

"Siam così piccoli e stupidi,
mandiamo a rotoli metropoli
ignorandoci."

Gemelli DiVersi

Gli abusi familiari sono una delle cose più aberranti e stomachevoli al mondo. Bisogna dare atto ai Gemelli DiVersi di aver voluto affrontare questo tema in modo appropriato: con una canzone aberrante e stomachevole.

Il pezzo narra la vicenda di Mary, vittima del padre. Mary, viene spiegato al pubblico con una certa chiarezza – ogni tanto anche nei concerti – esiste veramente, è un'amica della boy band milanese. Il che, a margine, induce a una riflessione: i cantanti portano sfiga. Una quantità inquietante di loro amici (la S.F. della *Canzone per un'amica* di Guccini, la *Lilly* di Venditti, la ragazza di *Perché non torna più* della Pausini, la *Piccola stella senza cielo* di Ligabue e decine di altre. Soprattutto donne, veh) è attesa da un destino infame.

Ma torniamo alla canzone, che racchiude tutto ciò che potete trovare in un pezzo hip-hop: le sirene della polizia, la tipa che ansima, "i muri di questa città" (che ci stanno sempre bene), il ritornello pacchiano. Quest'ultimo, intonato con pathos melenso da un coro femminile che si direbbe reclutato a un funerale greco, è "MARY! Camminavi sui sentieri più SCURI! E sul diario segreto scrivevi: 'QUELLA BESTIA NON È MIO PAPAAAAÀ!'". Bella lì. Anzi: bella lì, *raga*.

Facciamo un passo indietro. La boy band in questione annovera, nel suo pimpante palmarès, un brano del 2001 intitolato *Tu stasera non esci*. In esso la figura paterna, irrisa per le sue caratteristiche di burbero matusa, è interpretata da Pino Insegno della Premiata Ditta. Basta questo per rivelare il profondo disprezzo che i Gemelli DiVersi nutrono nei confronti dei genitori delle loro amiche, rei di impedire alle figlie di frequentare i quattro tamarri tatuati. Quel brano con ogni probabilità voleva essere ironico e divertente – poi, forse per impedire che fosse *troppo* divertente, è stato chiamato Pino Insegno. Ma *Mary* non vuol essere divertente. Vuol essere più straziante possibile, come una fiction di RaiUno. Lei scappa lungo i binari di una ferrovia perché il papaaaà è un essere spregevole e la madre sa ma non dice niente. E benché la canzone avverta che "la vita non è una fiaba", alla fine "Mary torna una fata", il padre-orco muore non si sa come, dall'incontro con un principe azzurro nasce una bimba, e c'è persino il sole – in questa cittaaaaà. C'è persino la rugiada sulla ferrovia.

Ora, prima di passare alla diagnosi, è utile tornare alla premessa del nostro lavoro. Noi non facciamo la diagnosi alla canzone. Beh, anche. Ma ci interessa di più diagnosticare l'ascoltatore per quello che vede nella canzone. Già il fatto che qualcuno veda una canzone in *Mary* è clinicamente rilevante. Tuttavia, il punto essenziale non è che l'ascoltatore si senta triste per quello che accade a Mary, bensì che si senta triste per quanto accade a lui. E visto che *Mary* è stata un successo, a tutti gli effetti il maggiore dei Gemelli DiVersi, quello che noi ci chiediamo è semplicemente quali corde ha toccato in decine di migliaia di adolescenti che fortunatamente non hanno questi problemi.

DIAGNOSI

La canzone, lo diciamo con torvo cinismo, a noi mette qualche sospetto. Perché vedete, l'hip-hop è un genere rapace per natura: piomba ad artigli tesi sui ritornelli altrui per farli propri. Prima di *Mary*, i successi dei Gemelli DiVersi erano stati costruiti attorno a un pezzo dei Pooh e a uno di Eros Ramazzotti (tanto per andare sul sicuro). E i quattro fustacci non si sono negati un tuffo nella corrente della canzone latineggiante, con un brano dall'insostenibile originalità ("Donde estas mi muchachita, donde estas, chica de mi corazón"). Né si sono fatti mancare l'inno generazionale ("Noi siamo quelli che non cambieranno mai." Che lebbra, eh?). Quindi, con torvo cinismo, noi proviamo per un momento, un solo torvo (e cinico) momento, a pensare che i quattro muscolosi mechati abbiano semplicemente confezionato un brano adatto al loro target. Ovvero le teenager che soffrono quando il padre si lagna per il piercing, per i pantaloni con vista panoramica sulla mutanda, per un votaccio in italiano (e d'altra parte quella continua ad ascoltare gente che rappa "mi hai flashato" e "basta collar la benza poi si parte"). E con il cuore gonfio, corrono a scrivere sul proprio diario: "Quella bestia non è mio papaaaaà". In pratica, un complesso di Elettra – come dire? – complesso.

Solo così si spiega come tante ragazze abbiano premiato questa canzone – perché signori, e lo ripeteremmo anche qualora i Gemelli DiVersi andassero al potere e fossimo giudicati dalla Corte Marziale, bella *non è*.

TERAPIA

Lo stesso Freud non sapeva bene che pesci pigliare col complesso di Elettra. Nel 1924 scrisse: "Le cognizioni da noi acquisite intorno a questo processo evolutivo nella bambina sono insoddisfacenti, lacunose e incerte". E anni dopo, come è noto, sbottò esasperato: "Ma cosa *vogliono* le donne?". Qui, però, rincuora il fatto che il padre dell'ascoltatrice – a differenza dell'infame descritto nella canzone – ha un atteggiamento severo ma fondamentalmente costruttivo. La ragazzina rimbrottata non si trascinerà per tutta l'età adulta l'infatuazione per il padre. Se però ora come ora persegue nel sentirsi perseguitata, consigliamo l'ascolto di *Figlia* di Roberto Vecchioni, *Avrai* di Claudio Baglioni, *È per te* di Jovanotti – insomma lo sterminato repertorio di canzoni che, puntuali come una cambiale, i cantautori dedicano alle loro creature. Ascoltandole capirà che i padri teneroni sono preferibili a quelli violenti, e non ci piove. Ma sono, innegabilmente, una piccola calamitaaaaà.

Paolo Conte UNA GIORNATA AL MARE

"Non amo i viaggi, le vacanze.
Mi piace stare dalle mie parti."
Paolo Conte

Ecco, questa è la canzone ideale per rovinarsi un giorno in spiaggia. D'altro canto, a chi non è capitato di sentirsi fuori posto nel fremente edonismo del bagnasciuga? In special modo negli stabilimenti disseminati lungo la penisola, in special modo se si fa l'errore di rimanere un po' assorti a contemplare e ascoltare gli altri trichechi e otarie attorno a noi. Dopo un po', si ha un'angosciosa sensazione di estraniamento, di abisso insanabile tra noi e quei nostri consimili che *mo' telefonano a zzia*; che *uè, l'anno prossimo per il Milan non ce n'è*; che *tu t'ha visto che gl'ha detto l'Antonellaclérici a Maraveniérr?*; che *Mamiiiii! Posso prendere il gelato alle cinque seduzioni????* Per questo si va raramente al mare da soli: c'è bisogno di qualcuno che ci distragga, ci rassicuri, e canticchiandoci un tormentone latino di luminosa stupidità ci eviti una pericolosa deriva intellettuale.

Paolo Conte non è il tipo da lasciarsi sfuggire il sovraccarico di angoscia dell'ordinarietà balneare. Nelle sue canzoni, il mare è per lo più esotico e quindi mitico – quello che si innalza in *Onda su onda*, in cui naviga un *Aguaplano*, davanti al quale le palme si dondolano in venerazione a tempo di *Boogie* o, per male che vada, se ne sta lì a "lussureggiare" in *Macaco*. Ma quando il mare è domestico, è scenario di abbacchiamento o impaccio (*Rebus*, *Genova per noi*, *Wanda*, forse anche *Luna di marmellata*). La fantasia dei mari del Sud e di donne di sogno, banane e lamponi, si scontra con l'odore di abbronzante Bilboa. Non c'è un bar Mocambo ma il baracchino gestito da un panzone che per di più ha solo Pepsi Cola. Sicché, già sappiamo che una certa mestizia sta per abbattersi sul protagonista – certo, non conosciamo ancora il quantum, tanto più che la prima incisione del brano è stata affidata all'Equipe 84, che di pezzi veramente avvilenti ne ha inciso fondamentalmente uno: *Tutta mia la città* ("... da un'automobile che passa qualcuno grida: VA' A CASA!"). In ogni caso, per prevenire botte di sciambola, Conte mette in mano al protagonista della canzone 1000 lire. Che all'epoca in cui la canzone è stata scritta, non avevano il potere d'acquisto dell'attuale mezzo euro – diciamo che uno ci poteva comprare un giornale, affittare l'ombrellone e offrire da bere a una signora o signorina. Niente smargiassate del Conte più maturo, robe tipo curaçao o aguardiente. Comunque, il Conte giovane è solito approcciare offrendo *Un gelato al limon* (ma *vero* limon), quindi ci si sta dentro. Ma certo è un budget risicato.

Però il protagonista non è andato al mare per divertirsi. Intanto, ci è andato da solo, e non per fare il tortellone da spiaggia. È andato per confrontarsi col "frastuono del mondo", per "cercare ragioni e motivi di questa vita". E tutto ciò, a Varazze. Ebbene sì, a Varazze: andateci voi a Big Sur, radical chic che siete. Il suo è un *quest* esistenziale cui la moglie/fidanzata si è sottratta, preferendo un universo prudentemente lontano da tutto ciò, in un paesone arroccato e provinciale con un geranio da balcone al posto dei palmizi, lo sbiadito destino dei nonni al posto della caciara isterica dei nipoti. Come potete vedere, se già sul budget l'avvocato Conte era stato tirchio, anche per quanto riguarda le alternative esistenziali è piuttosto avaro.

DIAGNOSI

E la chiedete? Agorafobia da manuale. Senso di ansia negli spazi aperti, soprattutto a causa dell'allontanamento dal contesto di riferimento in cui ci si rifugia (la casa col geranio e il balcone) e dalla figura che rappresenta la sicurezza (addirittura la tipa rimasta a casa da sola diventa, nel crescere dell'ansia allucinatoria, una "dolce Madonna"). Se *Una giornata al mare* parla di voi, è probabile che siate cresciuti un po' ansiosetti, grazie anche a genitori e familiari eccessivamente critici (s'intende che se sono stati loro a regalarvi questo libro, ritiriamo tutto. Hanno la nostra massima stima). Voi vorreste fuggire da tutto ciò, evadere dalle quattro pareti ma anche dalla loro sorveglianza – però, appena vi trovate in spiaggia da soli sentite il panico che cresce e non riuscite nemmeno a parlare con una cameriera, perché vi sembra straniera – ma è semplicemente ligure e non vi guarda nemmeno di buon occhio: ha capito subito che più di 1000 lire non tirerete fuori.

TERAPIA

Per liberarsi dalla sofferenza psichica qui descritta occorre che facciate il pieno di canzonette leggere e sciocchereIle. Un grande classico, per restare in tema, è *Mille lire al mese*: "Se potessi avere mille lire al mese, senza esagerare, sarei certo di trovar tutta la felicità". Acquisita una certa sicurezza economica e diminuita l'ansia, ecco che anche la paura degli spazi aperti, d'incanto, scomparirebbe. Certo, 1000 lire oggi come oggi non valgono – letteralmente – una cippa, e quindi bisognerebbe sostituirle. Per esempio con 1000 euro alla settimana. O 100 euro al giorno. Via, 10 euro all'ora. E poi tutti a festeggiare allegramente e, approfittando del bel tempo, far l'amore nei campi alla faccia dell'agorafobia. Ehi, no, non nei campi da calcio – perlomeno, non mentre si gioca.

Claudio Baglioni
LAMPADA OSRAM

"Se del domani nessuno ha certezza,
io sono nessuno e tu domani."
Claudio Baglioni

Quando Steve Jobs, padrone della Apple, ha dato ai suoi l'incarico di progettare l'iPod shuffle – il lettore mp3 che suona i brani in sequenza casuale – aveva in mente di usarlo in un modo ben preciso: come un'arma. Avete presente la roulette russa? Bene, la versione iPod funziona così: caricate sul lettore sei brani. Di essi, cinque siano innocui o addirittura divertenti, per esempio: *Capitan Uncino* di Dj Francesco, *Sei come la mia moto* di Jovanotti, *50 special* dei Lùnapop, *Solo una volta (o tutta la vita)* di Alex Britti e magari anche *Vamos a la playa* dei Righeira. Il sesto brano – la micidiale pallottola – sia *Lampada Osram*.

Pezzi come questo, statene certi, non perdonano. Tanto più pericolosi perché sulle prime sembrano innocui, e se ne stanno un po' nascosti in mezzo ad altri apparentemente più robusti. Quanti di voi, leggendo il titolo della canzone di questa pagina, hanno pensato "E che ***** è?" (forse voi non lo avete pensato con gli asterischi. Tanta gente lo fa e noi ne abbiamo rispetto). La verità è che questi pezzi sono tutt'altro che innocui: con subdola e fredda precisione, colpiscono dritti al cuore.

Lampada Osram può essere considerata parte della produzione minore baglioniana. Musicalmente in linea con le canzoni dello stesso periodo – voce un po' strascicata e cantilenante, arrangiamento semplice e orecchiabile – il pezzo, tratto da *Sabato pomeriggio* (1975) non è uno dei più famosi dell'ineffabile Claudione, eppure ne evidenzia appieno le caratteristiche di uomo triste che scrive canzoni tristi. Forse non tutti sanno che all'inizio della sua carriera, nei primi anni settanta, il suo soprannome – complice anche il look total black, di recente abbandonato in favore di un più spirituale total white – era "agonia". E sinonimo musicale di agonia, in una canzone pop, è un brano che si apre con un piano che fa plin, plin, plin. Quando sentono plin, plin, plin, i più accorti sanno che è il caso di darsela a gambe. Ma non gli ascoltatori-preda di questo tipo di pezzo. No, per loro è il segnale di un gratificante strazio: pavlovianamente, hanno già gli occhi lucidi al secondo *plin*.

Ma torniamo alla canzone. È la storia, semplice e lancinante, di una ragazza di borgata che si dirige verso il centro di Roma per incontrare il ragazzo di cui si è invaghita. Il titolo, grazie al quale presumiamo che Baglioni stia tuttora ricevendo lampadine *a gratis*, fa riferimento all'illuminazione fredda e impietosa della stazione davanti alla quale i due hanno appuntamento. Siamo negli anni in cui le pubblicità ancora si chiamano "réclame" e i taxi "tassì", e le ragazze come quella della canzone portano il foulard e non la bandana (di tatuaggi manco a parlarne). "Sei certa che verrà", la rassicura Baglioni, anche se "sono già le otto e un quarto". Dopo di che si mette a montare la panna: "Ciao come stai, gli dirai quando verrà", e ancora "per l'emozione arrossirai", "lui ti porterà davanti ad un tramonto per dirti tutto quanto e che gli piaci tanto tanto". Non è un'aspirante calendarista con la borsetta di Prada, che si sta offrendo al responsabile di un casting televisivo, ma una ragazzetta semplice e di buon cuore che profuma di lillà... sulla quale Baglioni sta per abbattersi con tutta la sua ferocia.

Come le lettrici di questo libro sono pronte a confermare sventolando dei bandieroni, gli uomini sono capaci di ogni nefandezza. Tradiscono, mentono, sono prepotenti, trascurano la propria compagna, si mettono le dita nel naso. Ma di tutte le nefandezze la peggiore qual è? E all'unisono un coro di voci femminili: "Il pacco". Tutto qui? Si può fare di peggio. Ecco, laggiù, sentiamo la signorina col maglione nero, ci dica: "Cosa può essere peggio?".

"Il pacco *al primo appuntamento*."

Bravissima. È proprio questo, ciò che fa l'immensamente spregevole ragazzo di *Lampada Osram*. Otto e venti, otto e mezza, questo stronzo non arriva. Vigliacco, vigliacco e ancora vigliacco: non può telefonare? No, i telefonini saranno inventati tra vent'anni. Okay, potrebbe perlomeno presentarsi con una scusa per scappare dopo un minuto. "Devi scusarmi ma sono morto improvvisamente e devo correre al mio funerale." No, non fa neanche questo sforzo. Non sapremo MAI perché non si è presentato, a sottolineare la gratuità di tale mancanza. La canzone si avvia verso la fine con un laconico: "Lui non è più venuto. I passi sul selciato ti fanno compagnia, e a testa bassa te ne torni a casa tua". Riuscite a immaginare niente di più triste? Baglioni sì. Alla fine c'è un uomo che le rivolge la parola. È il controllore, che indifferente a qualsiasi crollo interiore le chiede, prosaico: "Biglietto".

DIAGNOSI

L'ascoltatrice tipo di *Lampada Osram* è una donna disposta a rinunciare a molto, se non a tutto, per il proprio compagno. Soffre vistosamente della sindrome "della Sirenetta": come nella favola, si agghinda, si fa bella (si aggiusta il foulard), accetta di aspettarlo in un luogo sgradevole e malfrequentato come una stazione ("che brutte facce quei quattro là"), anziché pretendere che lui la vada a prendere a casa. La sua massima aspirazione è "vedere il tramonto" con lui. Questa donna è succube e servente di fronte all'autorità maschile, e non trova il coraggio di ribellarsi per affermare la propria identità. Ben lontana dal modello "Lecciso" (leggi: furba femmina che tratta il marito come un citrullo riuscendo pure a sfruttarne la fama), la protagonista di *Lampada Osram* è sottomessa e schiva; subisce il diktat dell'uomo e ha limitato potere di essere e di pensare.

TERAPIA

Per esorcizzare questa grave sindrome occorre una terapia che in apparenza è peggiore del male, ma alla lunga fornisce i risultati sperati. Care donne-zerbino, ascoltate fino alla nausea *L'appuntamento* di Ornella Vanoni. "Sono solo un resto di speranza perduta tra la gente. Amore è già tardi e non resisto... se tu non arrivi non esisto non esisto, non esisto..." Alla poverina non resta che tornare a casa alla sua triste vita, questa vita che voleva dare a lui l'ha sbriciolata tra le dita e addirittura implora: "Amore perdono ma non resisto... adesso per sempre non esisto, non esisto, non esisto...".

Questo ascolto libererà la vostra rabbia interiore e vi aiuterà a moltiplicare le energie. Ma per precauzione, se abitate con uno o più uomini, prima della terapia nascondete tutti i coltelli e le forbici di casa.

Lucio Dalla
COME È PROFONDO IL MARE

> "Un uomo come me sorride e parla poco perché legge nei tuoi occhi e poi capisce il gioco."
>
> Lucio Dalla

Nel 1977 Lucio Dalla rompe a sorpresa l'apprezzato sodalizio con Roberto Roversi e prende a scrivere anche i testi delle proprie canzoni, con un album che contiene due pezzi che attirano l'attenzione: *Disperato erotico stomp* e *Come è profondo il mare*. Il primo sembra allegro, ma è angoscioso. Il secondo sembra significativo, ma è privo di senso.

Sapete, alle volte tutto dipende dagli arrangiamenti: il dixieland dell'angosciosa *Disperato erotico stomp* la rende apparentemente cabarettistica, mentre gli accordi drammatici di *Come è profondo il mare* la rendono apparentemente apocalittica. Questo è esattamente quello che voleva Dalla: che la gente, invece di pensare che stesse impilando calembour dal suono accattivante ("abbiamo paura degli automobilisti, *dei linotipisti*"), rimanesse sgomenta e a disagio come davanti alle immagini incasinate e minacciose dei quadri di Bosch. E che pensasse: come è profonda, questa canzone... come è profonda, questa canzooone.

Purtroppo, è nostro triste compito sfatare questa convinzione. *Come è profondo il mare* NON è profonda. È vero, non dice "scurlibù, scurlibù" o "brlllt!, prdppnnp" come altri brani di Dalla. Ma dice lo stesso un maaare di scempiaggini. E lui ci sguazza.

Attenzione, con ciò non stiamo dicendo che questo rap ante litteram (in cui il ritornello "ritorna" *dieci* volte: quasi un record) non sia un'opera d'arte. Si tratta infatti della mirabile rappresentazione di un delirio. Mosche malevole che non fanno dormire, un uomo (anzi, L'Uomo) che blocca sei treni (sciopero dei Cobas?), un povero (anzi, IL Povero) che viene torturato in un palazzo, un aviatore che inventa la commozione, brutti che si guardano allo specchio, pesci che filosofeggiano, e infine il mare che va a fuoco perché "chi comanda" è impensierito dal pensiero ittico.

Non ci avete capito niente? Neanche noi. Se leggete questa strofa ci darete ragione: "Ma la terra gli fu portata via, compresa quella rimasta addosso, fu scaraventato in un palazzo, in un fosso, non ricordo bene. Poi una storia di catene, bastonate e chirurgia sperimentale... Come è profondo il mare". Ah, beh.

DIAGNOSI

Questa rappresentazione della Storia tramite immagini quanto mai sinistre e perenne incombere di secoli bui viene declamata con tono ostile da profeta dei giardini pubblici, da Savonarola in preda a sbornia pessimistica e calamitosa. E lo stato di ebbrezza è un aspetto chiave: l'insonnia causata da mosche (tecnicamente: microzoopsie) richiama il *delirium tremens* da astinenza da alcol, nel quale è comune vedere mostruosi insettoni. L'alcol serve invece per tenere a bada il cosiddetto "delirio di rovina" che fatalmente prende il sopravvento col crescere della canzone. Il fischiettare ripetuto, poi, non è altro che un sintomo ebefrenico, il riso stolto dello psicotico che si vede (brutto) nello specchio.

Siete convinti di quanto avete letto finora? No, vero? Rimanete persuasi che la canzone sia estremamente significativa e pensate: come è profondo, Dalla... come è profondo, Daaalla. Non ne siamo sorpresi. Ce lo aspettavamo. Per questo abbiamo omesso le considerazioni sul pesce come simbolo del cristianesimo, che completano la parte mistica del delirio. Ma non importa: con una mossa a sorpresa, puntandovi il sigaro contro come il tenente Colombo, stiamo per dirvi *come e dove questa canzone vi ha accalappiato*. L'arma del delitto era sotto gli occhi di tutti: è il mare, che rappresenta, lo sanno anche i bambini, l'inconscio, ma anche il liquido amniotico che un tempo vi ospitò: insomma, poche storie, il mare vi porta dritti alla mamma. Il mare è il simbolo ancestrale di tutto ciò che può dare una risposta, ma finisce sempre col dare una risposta incasinata e incomprensibile – questo è quanto fanno la maggior parte del tempo la mamma e l'inconscio, dandosi il cambio, ma egualmente suscitando in noi un perenne senso di mistero e venerazione. Il vostro problema, in conclusione, è che siete erroneamente convinti che l'inconscio vi mandi segnali significativi. Che la mamma vi mandi segnali significativi. Che l'autore di brani come *Merdman* e *Stronzo* vi mandi segnali significativi. Per dirla in linguaggio rigorosamente scientifico, siete un po' dei bietoloni.

TERAPIA

A proposito di mare e di abbandono della mamma, per guarire dal vostro intontimento non c'è che un rimedio: ascoltare a manetta "L'estate sta finendo e un anno se ne va/ sto diventando grande lo sai che non mi va". Il brano, a suo modo, parla di crescita, emancipazione, quindi distacco dal seno materno; e a differenza di *Come è profondo il mare* è una canzone *dichiaratamente* leggera e sciocchina. Ricorderete che gli autori sono i Righeira. Se almeno una volta avete creduto che Johnson e Michael Righeira fossero davvero fratelli, siete proprio figli degli anni ottanta. Giusto per toglierci ogni illusione, i loro veri nomi sono Stefano Rota e Stefano Righi. Il primo fa il Dj all'ora dell'aperitivo a Torino. Il secondo lavora in una società che opera attivamente nel campo di qualche cosa che non abbiamo ben capito. Ma quel che hanno lasciato detto in un'altra delle loro canzoni è chiaro e definitivo: "He, he, mamma, dimmi perché, non posso mai portar le corna quando sono con te". Dritti al nocciolo del problema, proprio come nel brano che abbiamo potuto ascoltare tutte le volte che abbiamo chiesto soldi al nostro editore: *No tengo dinero*.

Gigi D’Alessio FOTOMODELLE UN PO’ POVERE

“Sai quanti concerti ho fatto
e mentre me ne andavo
vedevo qualcuno cascato
col motorino senza casco,
qualcuno che è pure morto?”

Gigi D’Alessio

Ci sarà qualcuno che dirà: perché questa canzone, che ha un ritmo in fin dei conti sbarazzino?

Ci sarà qualcuno che dirà: ma come, in rappresentanza dell’impareggiabile scuola della canzona (sì, con la *a*) napoletana più toccante e strappacore voi mettete *questa*? E non *Zappatore*? *Lacreme napulitane*? *Scalinatella*? *Popcorn e patatine*?

Ci sarà qualcuno che dirà: casomai, di Gigetto D’Alessio, non è più deprimente *Non dirgli mai*? *Caro bambino Gesù*? O persino *Cam-pio-ni del cuo-ooore*?

Ci sarà qualcuno che dirà: nessuna canzone di Gigetto D’Alessio è deprimente quanto la sua faccia.

E tutta questa gente che avrà da ridire, avrà *un po’* di ragione. Questa canzone non è totalmente deprimente. È *un po’* deprimente. Il che, se vogliamo, costituisce un problema quasi quanto essere *un po' poveri*. Non apertamente poveri, certificati dall'Istat, oggetto della commossa simpatia del Paese, che si augura: eh, speriamo che vincano alla lotteria! Viceversa la categoria degli *un po' poveri* si barcamena, reietta e dimenticata, ma non sta sul gradino più basso, quello dove ogni tanto si dà un'occhiata – anche solo per non inciampare – ma appena più su, dove non si guarda mai. E non è per qualche stucchevole polemica antinapoletana che Gigi D'Alessio sta sugli illustrissimi a un sacco di gente, ma perché tocca un nervo scoperto. Invece di essere il cantore dei sottoproletari, è il cantore di chi è *un po'* sottoproletario.

Il testo, scritto da Vincenzo D'Agostino, presenta una Napoli divisa in due (che poi volendo è anche un'Italia divisa in due), incarnata dall'incomunicabilità tra una ragazza della Napoli bene che ha *fernuto* da poco l'università e un ragazzo della Napoli *un po'* male che *forse* parla male. Da una parte un Vomero sempre più chic che cerca *Un posto al sole*, dall'altra un Rione Sanità fatto di vicoli in cui il sole, sdegnosamente, "nun ce trase". Esistono comici locali che fanno la parodia dei ragazzi del Vomero, che hanno una parlata napoletana/italiana caratterizzata da accenti e tic peculiari, e sono conosciuti come "chiattilli", termine napoletano che indica un insetto parassitta che campa coi soldi del padre. Oltre a ciò, al Vomero non si trova uno stramaledetto parcheggio. A questo punto, guardiamoci in faccia: è noto che la simpatia del pubblico italiano va sempre a chi è povero e ignorante, nella segreta speranza che rimanga tale. Ma D'Alessio e D'Agostino non si mettono ad accattonare simpatie. Presentano i rionali senza esaltarli, mettendoli sotto una luce un po' beige:

1) gli piaceno 'e canzone quanno su napulitane;
2) arrubbano 'a macchina 'e papà;
3) vengono scetati dall'addore do cafè.

N.B. la differenza cruciale con un'altra ode ai marginali, proveniente dal nord, dai Gemelli DiVersi, la cui *Gente di periferia*:

1) se la gira "col Golf nero stereo a palla da tamarro vero";
2) "usa il gel e ha i capelli meshati", quando li vedi abbronzati è perché si sono fatti una lampada e non la spacciamo per weekend in Corsica";
3) ha pochi soldi in tasca "e un'evidente voglia di godersi la vita e poi fumarla fino alle dita".

Al di là dell'invito a ottundersi di canne in modo da rimanere sufficientemente storditi da comprare dischi di crudele bruttezza, è impossibile non riconoscere il solco che divide questi due insiemi di tapini: quelli cui inneggia la boy band milanese sono gli aspiranti concorrenti del Grande Fratello, quelli a cui si riferisce D'Alessio sono i mesti spettatori. Nei primi c'è un evidente, grottesco tentativo di darsi uno stile, di sentirsi fighi perché guardando in direzione del centro città si ha l'impressione (in fondo nemmeno troppo strampalata) che questa sia LA chiave per risalire salmoneggianti la scala sociale. Nei secondi, nessuno stile, nessuna aspirazione: una resa completa, che culmina nella rinuncia finale al flirt (con la neolaureata) e nell'invito alla rampante vomerese a starsene nella sua gabbia dorata, lasciando i poveri ma belli (o meglio: *un po'* poveri ma *un po'* belli) di D'Alessio nella loro gabbia piombata.

DIAGNOSI

Il successo di massa di Gigi D'Alessio, principe dei cosiddetti "neomelodici", è arrivato dopo un periodo in cui pareva che Napoli fosse diventata tutta inkazzosa e brulicasse di posse e alme megrette e fosse in fin dei conti animata da quelli che i critici musicali amano riassumere con l'enigmatica espressione: "Certi fermenti". Poi però è arrivato Giggetto a gettare un ponte tra Mario Merola e Claudio Baglioni, facendo contemporaneamente un passo avanti e uno indietro (cercate di immaginarlo mentre lo fa). *Fotomodelle un po' povere*, con il suo ritmo sincopato del tutto fuori luogo, è l'apoteosi di una depressa appartenenza ai tempi moderni, che non significa la loro accettazione ma nemmeno il loro rifiuto: né global né no global. Gli ascoltatori non solo napoletani che si riconoscono nei guaglioni cantati da D'Alessio non sono completamente arcaici come quelli di Merola, sanno bene che il mondo si è mosso, ma non intendono mettere a repentaglio il loro grigio progetto – vedi le quindicenni che non sognano di essere ospiti di Maria De Filippi ma *faticano già, pecché si vonno spusà*. Vogliono sposare un loro simile con cui tirare avanti pizzeggiando nei vicoli, ascoltare canzoni purché napulitane, arrubbare la macchina 'e papà invece che riuscire a comprarsi il Golf da tamarro con cui passare davanti al bar, insomma vivere fuori dal target del mercato, della pubblicità, dell'Auditel. Si tratta quindi di soggetti che la nostra società non può non considerare terribilmente *patologici*. Ma prima di inneggiare, aspettate: non è resistenza umana, bensì scarsa reattività agli stimoli. Compreso quello do cafè.

TERAPIA

Forse non è soltanto 'o sole ad aver evitato di passare da certi vicoli interiori. È tutto quanto, là fuori, suscita curiosità e voglia di confrontarsi persino con le neolaureate del Vomero. Ci sentiamo quindi di suggerire agli ascoltatori un po' apatici di questo brano l'inizio di un percorso musicale che ha provato a scetare guaglioni di tutto il mondo. Ecco, c'era questo gruppo di Liverpool, città portuale dove la gente *forse* parlava male. Le loro canzoni sono state brillantemente napoletanizzate tanti anni fa da un gruppo chiamato Shampoo, il cui disco *In Naples 1978* è raro ma non introvabile. Brani come *Help!* (*Peppe!*), *Nowhere man* (*N'om-*

me 'e niente), *Tell me why* (*Teng'e guaje*), *Day tripper* (*'E zizze*) possono dare una piacevole scossa e una forte motivazione a salire 'ncopp 'o motorino e vedere il resto di questo strano mondo. E potreste persino trovare parcheggio al Vomero.

Negramaro MENTRE TUTTO SCORRE

"Questa canzone l'ho scritta in tram a Milano."
Giuliano Sangiorgi

Mentre tutto scorre è stato uno dei grandi successi del 2005, e possiamo sintetizzarlo in due concetti. Il primo è:

"AAAAAAAAAARGH!".

Il secondo è:

"Verde coniglio dalle mille facce buffe".

Essendo tenuti per accordi editoriali a dire qualcosa di più, ci lanciamo ora in una serie di considerazioni aggiuntive (ma nel nostro cuore, sappiamo di avere già detto tutto quello che c'era da dire).

Dunque, cominciamo, per chi non è un teenager, spiegando che i Negramaro hanno presentato questa canzone a Sanremo Giovani.

("Aaaaaaargh!")

Che Paolo Bonolis gli ha fatto i complimenti.

("Aaaaaaaaaargh!")

E anche Silvio Muccino, che ha diretto un loro video.

("Aaaaaaaaaaaaaaargh!")

Mentre il regista Alessandro D'Alatri ha scelto alcuni loro brani per la colonna sonora di un film con Fabio Volo.

("Aaaaaaaaaaaaaaaaargh!") ("Aaaaaaaaaaaaaaaaargh!") ("Aaaaaaaaaaaaaaaaargh!")

Che Giuliano Sangiorgi, cantante e autore della band, ha definito *Mentre tutto scorre* "un brano rock, nudo e crudo, che esprime i Negramaro al 100%. Noi siamo così".

("Verdi conigli dalle mille facce buffe...")

Che Sangiorgi canta il brano con voce stridula e irritante. Se non vi piace, è perché non siete giovani, siete vekki, quindi nn kapite ke è 1 pezzo ke va kantato kome se 1 sta vomitando perké cioè. Ovvero: la voce di Sangiorgi, come quella di chiunque abbia credenziali di poeta rock contemporaneo, dai Muse alle Vibrazioni, esprime l'agonia del vivere. E la esprime alla grande, *raga*. Soprattutto, esprime un'idea che l'arte contemporanea sta cercando di fissare definitivamente per le generazioni future. Ovvero: "Quella *******! ".

Come nell'assai noto (e assai trafugato) *Urlo* di Munch, non sappiamo veramente cosa il protagonista stia gridando: le parole, come lo sfondo del quadro, sono una serie di pennellate che non disegnano realmente qualcosa ("Parla in fretta e non pensar se quel che dici può far male perché mai io dovrei fingere di essere fragile come tu mi [vuoi]", "non cambia l'idea che ormai ho di te verde coniglio dalle mille facce buffe"), ma creano una sensazione di angoscia che ogni giovane può adattare al proprio personale "AAAAAAAAARGH!" come un vestito nuovo su un fisico prestante. Le strofe della canzone non significano una mazzissima, del problema del giovane uomo e della giovane donna protagonisti non si capisce nulla, ciò non è tuttavia importante: nel testo si susseguono suoni a effetto, frasi enigmatiche, svolte improvvise, allusioni oscure, invocazioni cruente che tengono alta la tensione come in un film "de paura" la cui trama non è che un pretesto per mostrare immagini ansiogene. Colpi di pistola, un uomo straziato, una maschera di cera che si scioglie, un campo minato, e naturalmente la star della canzone: il verde coniglio dalle mille facce buffe. Sappiamo che alcuni vorrebbero cogliere un riferimento al coniglio verde leprino viterbese, razza allevata senza farmaci né vaccini e per questo detta "verde", quando in realtà – si badi bene – è rossiccio: ma qui si potrebbero aprire lunghe disquisizioni politico-ambientalistiche sulle quali è meglio glissare. Anzi, "nascondersi in silenzi mille volte già concessi".

DIAGNOSI

Se il pezzo che potrebbe definirvi è *Mentre tutto scorre*, sarebbe banale dire che siete un pochettino rancorosi – che diamine, l'80% delle canzoni al mondo è rancorosa, e metà di esse si fondano su un'idea di base, ovverosia: "Quella *******!". Ma la seduzione del pezzo dei Negramaro ruota attorno a componenti allucinatorie, un linguaggio iperelaborato e metaforico, fantasie e pensieri bizzarri. Insomma, questo è poco ma sicuro, a distorsioni cognitive e percettive. E di fronte agli svariati scarti nell'accompagnamento musicale del brano, e alle voci che disturbano il secondo ritornello, noi ci giochiamo il jolly. La diagnosi è: schizofrenia! Sì, proprio così, siete skizzati! Ke sballo, no?

TERAPIA

Eh, tutto scorre, sotto la solita suprema indifferenza delle cose, mentre il vostro dolore vi strazia. Che fare, amici? Bene, qualcuno di voi saprà che "tutto scorre" è la tradizionale traduzione di "panta rei", lo slogan di Eraclito (mammina, che brutta fine ha fatto Eraclito. Non la augureremmo nemmeno al nostro peggior nemico. Non ve la stiamo a raccontare – ma se fosse giovane oggi, Eraklito ascolterebbe i Negramaro, e di brutto anche). Ma se siamo in pieno Panta Rei, quale migliore terapia di un brano di Marina Rei, e segnatamente *Primavera*: "Respiriamo l'aria e viviamo aspettando primavera, siamo come i fiori prima di vedere il sole a primavera, ci sentiamo prigioniere della nostra età, con i cuori in catene di felicità".

... Uè, pensandoci: cosa saranno quelle catene di felicità? Ma sì, un po' di sadomaso "light" ci sta sempre bene – basta non esagerare, altrimenti si comincia con le catene e poi si finisce con guardare i film di Muccino. (Aaaaaaaaaaaargh!)

Luigi Tenco
UN GIORNO DOPO L'ALTRO

"Mi sono innamorato di te
perché non avevo niente da fare."
Luigi Tenco

Insomma, Luigi Tenco era proprio triste. Il suo valore di artista è tutto un altro paio di maniche, ma era *terribilmente* triste.

Lo diciamo anche per metterci nei panni dei circa 14 milioni di italiani che nel febbraio 1966 ascoltarono *Un giorno dopo l'altro*, sigla dell'originale televisivo (così li chiamavano allora) *Le inchieste del Commissario Maigret*. Come molti lettori, non eravamo nei dintorni all'epoca – ma dev'essere stato interessante, per quell'Italia vispa e un pochino giuggiolona, invaghita di Gigliola Cinquetti e Rita Pavone, ritrovarsi ad ascoltare un brano così gentile e melodioso, eppure sconfortante come pochi.

A voler essere pignoli, non era la prima volta che lo si sentiva – perlomeno la musica, visto che la prima serie dello sceneggiato (1964) era stata accompagnata dalla canzone originale, del francese Jacques Chaumelle: un pezzo sostenuto da un arpeggio di chitarra morbido e da un testo sul tran tran di una Parigi presentata come vecchia e stanca. Tenco riprende l'arpeggio e alcuni spunti contenuti nel testo, ma su questo tappeto soffice soffice ci parcheggia un'autobotte piena di angoscia. Giorno dopo giorno una vita sempre uguale se ne va in un mondo sempre uguale, i sogni non si realizzano, domani sarà uguale a ieri, e – lieto fine – la speranza è ormai un'abitudine. Occhio a questo particolare: nella versione francese, la speranza è morta: la cosa non offre certo maggiore conforto, ma se non altro l'agonia è finita, che diamine. Per Tenco invece la speranza è un'illusione che è anche una condanna, forse perfino una beffa crudele come arrivare a casa e scoprire che la Nutella è finita.

Ecco, tutto questo veniva riversato su un'audience di tutto rispetto (quell'anno fu la terza trasmissione più seguita) e accompagnato da immagini in bianco e nero di Gino Cervi (l'allegro e vigoroso Peppone di *Don Camillo*) che, nei panni di Maigret, si aggira freddoloso in una capitale francese mai così plumbea e impietosa. Il miglior videoclip possibile per quella canzone: non è che veniva rappresentata la grigia monotonia della provincia, o dei palazzoni della periferia (come pochi mesi dopo avrebbe fatto *Il ragazzo della via Gluck* di Celentano). No, accipicchia: quella lì è Parigi, la Ville Lumière, champagne, Tour Eiffel, Roland Garros, Caprice des Dieux, Sciambola! E quando ti vengono a dire che *Parigi* è grigia e livida, da che parte puoi girarti? In questo contesto, il già citato principe dei crepuscolari, Guido

Gozzano, sarebbe un allegrone. Certo, i tormenti di Gozzano per le rose che non ha colto (ancora lui!... PERCHÉ non le ha colte, maledizione?) e la noia del non vissuto si differenziano per un fattore cruciale: in Gozzano le rose, se non altro, *c'erano*. Qui invece, ciccia. Nel testo di Tenco, la sola vaga chance di dare una svolta alla propria vita è rappresentata da un'apparizione francamente inaspettata – che poi si rivela l'unica apparizione fisicamente tangibile di un testo, per il resto, quanto mai incline alle categorie astratte. Come? Ah, sì, è vero: "Le strade sempre uguali, le stesse case...". Ce l'eravamo dimenticate – sapete, non sembrava lo scenario più pittoresco del mondo – però se permettete, *una nave* è un'altra cosa. *Che cosa*, di preciso, non lo sappiamo: di che nave si tratta? Un traghetto della Tirrenia? Il vascello di Capitan Findus? *Love boat*? "La nave ha già lasciato il porto e dalla riva sembra un punto lontano, qualcuno anche questa sera torna deluso a casa piano piano."

Tirando le somme, s'è bell'e che capito che l'abbiamo preso in quel posto un'altra volta, ma nel Sahara oggettuale di questa canzone ci si potrebbe soffermare a lungo su questa strana disillusione navale. Perché quel signore è così mogio? Cosa doveva esserci su quella nave? Un carico losco? Droga, clandestini, Keyser Soze? L'unica cosa che sappiamo è che è stato l'ennesimo pacco, e non resta che tornare a casa, dove non ci attendono videogiochi o siti porno o un film via satellite o il DVD della prima serie di *Friends* – ma al massimo, Italia-Corea, giocata nel 1966 a Middlesbrough, conclusasi con la storica eliminazione dei nostri. Parecchi anni dopo, nel 2002, sarebbe successo di nuovo. A riprova che la speranza è un'abitudine nociva.

DIAGNOSI

Se *Un giorno dopo l'altro* è la vostra amica dei giorni meno lieti, cosa possiamo dirvi? Vi state facendo dire che non c'è speranza da Luigi Tenco. Che ve lo sta dicendo, e questo è apprezzabile, con estrema dolcezza. È una specie di Valium arpeggiato. Uno dei motivi che ci suggeriscono estrema cautela nell'archiviare il tutto con una glamourosissima diagnosi di umore depresso e via andare è il fatto che il brano non sia lamentoso. Il protagonista non si lagna più di tanto, e in fin dei conti tira avanti pur facendolo con l'entusiasmo di uno che ascolta la propria estrema unzione. Né ci pare il caso di scomodare altre sindromi, come ad esempio l'anedonia (incapacità di provare piacere). Che sia semplicemente un caso di noia, tedio, rottura di cabbasisi (cfr. Commissario Montalbano)? Potrebbe essere. La realtà è che sulla depressione la scienza psichiatrica ha scritto fiumi di tomi. Sulla rottura di cabbasisi, un po' meno. Pure, è un grande male dell'umanità.

TERAPIA

Un buon modo per sopravvivere alla noia è farne un'overdose – le overdosi sono sempre di gran moda.

All'uopo possiamo consigliarvi un sacco di canzoni. Per esempio *La noia* di Vasco Rossi, *In un mare di noia* dei Negrita, *Momenti di noia* dei Subsonica, *Mrs Noia* di Gianluca Grignani. Oppure un brano qualunque della Mannoia (scusate, questa battuta l'abbiamo già usata in un altro capitolo del libro. Ma era irresistibile).

Subsonica
NUVOLE RAPIDE

"Per sognare bisogna chiudere gli occhi."
Subsonica

Se fosse facile parlare di
un pezzo che si presenta così
con l'insistenza su un attimo che...
passerà
Tutte le strofe son formate da
tre decasillabi seguiti da
l'inevitabile attimo che...
passerà
Nelle prime si mena il torrone
con un tono di desolazione
e poi ritorna quell'attimo che...
passerà
Parole a caso e concetti che
fan sempre presa su te e su me
ehilà, riecco quell'attimo che...
passerà
"Vuoto", "rabbia" più "detonazioni"
addirittura "frantumazioni"
poi vi beccate 'sto attimo che...
passerà

Non è la femmina del passero
quella di cui qui si parla però
su, gli somiglia in quell'attimo che...
passera
Ed i Subsonica riescon così
a risultare fighi e trendy
per molto più di un attimo che...
passerà
Sublimi o subdoli Subsonica
subordinati noi rimaniam qua
subendo un altro attimo che...
passerà
Se dicessero robe importanti
ma son solo segnali inquietanti
più quel fottuto attimo che...
passerà
Però ai giovani piaccion così
ballabili nonché nuvolosi
e li colpisce quell'attimo che...
passerà
La disperata transitorietà
come di nuvola rapida, già...
La depressione stilosa si fa
e resterà!

DIAGNOSI

L'aspetto più interessante di chi stravede per *Nuvole rapide* è che gli piace ballare ma non si farebbe mai beccare a ballare un pezzo allegro o fondamentalmente idiota come la maggior parte dei brani da discoteca. Questo perché ha dentro tutto un disagio esistenziale amorevolmente coltivato, e non lo può mica mandare a donnine di malaffare zompando in pubblico. Sicché gli torna utile l'esistenza di musica che permetta di ballare ostentando cosmico struggimento e la consapevolezza che "tutto si perderà". Connotazione della ballata depressa classica era che si trascinava penosamente. *Nuvole rapide* è la prova che la "depre", cioè, spakka, ed è persino stilosa. Quindi chi la apprezza è una sorta di depresso istrionico e dionisiaco, che è come dire un minotauro o un ornitorinco. Ornito, magari, un po' meno. Rinco, parecchio.

TERAPIA

È difficile trovare una terapia a uno stato mentale come questo, apertamente caldeggiato dalla nostra società: uno che si fa piacere il disagio, dopo tutto, è una risorsa oltre che un target. Bisogna intervenire con un colpo al cerchio e uno alla botte: farlo smettere di ballare ma tenerlo allegro, ed eventualmente sottrarlo alla sensazione di transitorietà di un'epoca convulsa sottraendolo al contesto temporale, fargli ascoltare musica di un altro decennio. L'ideale è forse Fred Buscaglione, torinese come i Subsonica, con il suo clamoroso universo di "anni ruggenti" animato da dritti di Chicago e sventolone fatali, bulli strampalati e casalinghe calibro 45. Evitate però *Whisky facile*, o comincerete a girare con un bicchierino (pieno) in tasca come il vecchio Fred.

Gino Paoli
SASSI

"Mi considero un antipatico e polemico rompicoglioni."

Gino Paoli

2 minuti di durata.
4 frasi a comporre il testo.
1 concetto: non ti ho saputa amare, ma tanto è inutile parlarne.
Fine. Dell'amore, ma soprattutto della canzone.

Gino Paoli in realtà è nato a Monfalcone, provincia di Gorizia – ma con una simile tirchieria compositiva è inevitabile che tutti lo credano genovese. Da un lato, è appropriato che una canzone dedicata alle pietre sia lapidaria, ma dall'altro si rimane impressionati da tanta avarizia di parole. Però una cosa dobbiamo riconoscergliela: in tempi di verbosità rutilante in agguato nei rap e nei talk-show, nei blog e nei telefonini, una tale concisione è quasi edificante. Pensate a quante discussioni chilometriche hanno caratterizzato i vostri ménage. Schermaglie verbali, fughe concettuali, voli pindarici, elenchi di manchevolezze, controelenchi dei propri meriti – e dopo ore e ore di disamina degni di un programma della De Filippi, il ménage nemmeno finiva! Null'altro che *Fiumi di parole*, come ammonivano profeticamente i *lapidati* Jalisse.

(... Del resto, noi mica siamo da meno: nel tempo che ci avete messo ad arrivare a questa riga, la canzone è già bell'e che finita.)

Il protagonista di *Sassi* no. Lui guarda in faccia la realtà e sbuffa: "Ogni parola che ci diciamo, l'abbiamo detta mille volte" (e con questo ci siamo già giocati un quarto del testo). È un trionfo di quella pragmaticità che risulta difficilissima in quei momenti obnubilanti in cui l'amore, e dai e dai, arriva nella località chiamata Ramengo. "Io non ti ho saputa amare, non ti ho saputo dare quel che volevi da me." Oh là là. Amen. Ciccia, mi spiace ma è andata. Il mare ci ha consumati, non c'è più ricarica, finiti i punti della patente, insomma non ce n'è più. Parole come pietre – tanto per rimanere in tema. A questo punto, vi starete chiedendo: ma se è così, questa canzone pare gagliarda, e non lacrimevole. Cosa la rende deprimente?

Beh, facile. Il Gino. Lui. Con tutta la stima che abbiamo per lui, il tono esangue con cui canta il pezzo farebbe venire il coccolone anche agli inanimati protagonisti della canzone (i sassi, non i due ex amanti). E non è solo per la sua voce sottile. Che non fosse la risposta italiana a Frank Sinatra è sempre stato pacifico (anche se Sinatra probabilmente gli avrebbe ceduto Ava Gardner per prendersi Stefania Sandrelli): è che il piglio spettrale con cui intona "Saaaaaassiiiiii..." farebbe sembrare gioconda una campana a morto. C'è un episodio de *I mostri* di Dino Risi (1963) intitolato *Gli orfanelli*, nel quale un mendicante interpretato da Vittorio Gassman, per spezzare il cuore dei passanti e incrementare le elemosine, si serve di un ragazzo cieco cui fa cantare *Sassi* con tono afflitto.

Se questa canzone fosse stata affidata a Franco Califano, sarebbe diventata un crudo sfogo da macho disincantato: “Sassi! No! Non ho detto s*p*assi! Ma sassi, sassi, sassi!”. Paoli invece decide di prendere i suoi ciottoli e farli diventare macigni, sottolineando l’inutilità di tutto ciò che è stato con un timbro caldo quanto un gesso che stride. Non vede proprio nulla di utile al mondo: inutili le sue parole, il tempo passato assieme (“ogni attimo che noi viviamo, l’abbiamo vissuto mille volte”), l’amore che lei ha riversato su di lui. Avesse intonato gli stessi versi con vigoroso stoicismo, la stessissima canzone sarebbe stata forse persino propositiva, un costruttivo invito a piantarla con le telefonate *Senza fine* e le e-mail al *Sapore di sale*, e andare ognuno per la sua strada: lei a fare *La gatta* con qualcun altro, lui a prendersi una ciucca con *Quattro amici al bar*. Ma sapete *Che cosa c’è*? Che se lo avesse fatto, non avrebbe venduto così tanto.

DIAGNOSI

Ci sono più e più motivi per badilarsi con *Sassi*: dall’intonazione faticosa del Gino all’idea che ogni amore sia destinato a un’erosione in grado di frantumare anche gli scogli più imponenti (la famosa rottura di scoglioni). Ma il più eclatante è probabilmente l'identificazione col protagonista maschile, facilmente inquadrabile come anaffettivo. Insomma, sta mettendo una pietra sopra (si è capita? si è capita?) al loro amore e lo fa con quel tono da sadico in gita (che probabilmente, rapito da una visione di inutilità cosmica, sta pure pensando di tirare qualche sasso dal cavalcavia. Speriamo, con la stessa mira del Gino). Non l'ha saputa amare come sarebbe piaciuto a lei; peccato, ma è veramente colpa sua? Ci ha provato – pare di capire – con mille parole e mille attimi condivisi con lei. Ma di più non poteva fare: la propensione anaffettiva è avara di affetto per puro senso di difesa. E l'amore, come il mare, consuma. Quindi tanto vale rinunciare al mare e al sapore di sale e starsene nella propria stanza a guardare il soffitto viola. Qualcuno suona un'armonica. Che buffo, sembra un organo.

TERAPIA

Dalla propensione anaffettiva si può guarire ascoltando dosi massicce di canzoni sdolcinate tipo *Per te* di Jovanotti: "È per te il rosso delle fragole... è per te ogni cosa che c'è ninna na ninna e... È per te il profumo delle stelle, è per te il miele e la farina", oppure *Arià ariò* di Paolo Meneguzzi: "Voglio i sorrisi che tu fai, le fossette che hai quando passeggi dentro i jeans, tu sei così sexy ho il cuore in petto che fa bang fa bang

bang, Arià ariò, se mi vuoi non lo so ma prima o poi vedrai che tu sei uguale a me Ariò arià passerà questa età e cambierai idea se mi conoscerai". Questi sono solo due esempi, ma la canzone italiana ne regala un'infinità. Occhio solo a non esagerare, se non volete ottenere l'effetto contrario e cader preda dell'irrefrenabile desiderio di finire a padellate il/la vostro/a compagno/a di vita.

Biagio Antonacci
SE IO SE LEI

"Con Biagio e poche altre persone
formiamo il Circolo della Verità:
ognuno può essere se stesso,
senza complicazioni."

Ilaria D'Amico

Per una casa discografica, il cantante obliquamente figo dalla voce strascicata è un investimento sicuro, come il mattone – al quale peraltro cerca di somigliare anche dal punto di vista compositivo. Da Baglioni a Raf, da Carboni a Grignani, ogni decennio ha avuto i suoi campioni del rantolo. Sono tutti figli del Battisti di "voglio... Aaaaaanna!". Solo che mentre il giovane Battisti fu pressoché lapidato per la sua voce non limpidissima, loro hanno usato la loro primitiva selce vocale per fare breccia nei cuori di milioni di giovani italiane.

Il punto di arrivo di quest'arte affascinante, il pibe de oro del tono lacerato è sicuramente Biagio Antonacci da Rozzano (Mi). Qualunque argomento decida di biagificare, il suo tono, anzi, tonaccio (haha) è identicamente dolente. Il suo capolavoro, in questo senso, è un brano intitolato *Mi fai stare bene*, che lui canta come se lei, al contrario, lo facesse stare malissimo, con forti fitte alla milza. Bigiobiagio ha già ricevuto, di recente, il caustico omaggio sonoro di Simone Cristicchi (*Vorrei cantare come Biagio Antonacci*), per cui non staremo a deprecarne ulteriormente il successo planetario. Scegliere il brano più dolente dal suo repertorio è stato un po' come scegliere la nostra locusta preferita, ma il melenso strazio di *Se io, se lei* ci è parso quello più meritevole di attenzione.

Perché parlando di investimenti sicuri, anche le canzoni di lutto sentimentale sono un settore che non può conoscere crisi – come le pompe funebri.

(Nota degli Autori: qui siamo stati tentati di fare dei goliardici doppi sensi sulle pompe funebri. Ma abbiamo eroicamente resistito. Scusate l'interruzione, riprendiamo con la dissertazione.)

Là fuori, in questo momento, ci sono centinaia di migliaia di anime cui sta crollando tutto dentro (è un rumore di fondo pauroso). Ogni cantante sa che c'è sempre fame di canzoni che tirino fuori tutto il magone di chi ha appena capito che il trenino dell'amore è giunto al capolinea. E Biagiotto, in *Se io se lei*, gioca una scala reale, mettendo sul tavolo quanto ci si aspetta da un cantante di obliqua figosità:

- sia LUI che LEI, dice il testo, hanno avuto le loro colpe; però LEI era gelosa e nervosa. Questa è pubblicità subliminale per ricordare che Biagio è figo. E lo è anche il LUI della canzone, perché in ogni canzone di Biagio Antonacci si presuppone che dentro ogni LUI si nasconda un Biagio Antonacci;
- LUI, come tutti gli uomini, avendo un ego delle dimensioni del Castello Sforzesco, si preoccupa di

LEI a posteriori, quando i buoi sono scappati;
- LUI si finge comprensivo ma, com'è come non è, lo stato d'animo di LEI rimane marginale: in tutta la canzone LUI non si chiede se LEI soffre ma se LEI fa la porca in giro: "Chissà sotto quale cielo stai facendo bene l'amore..." (notare l'elemento voyeuristico da vero zozzimm');
- LUI, come la grande maggioranza degli uomini, è narcisista, e la sua premura è: "Non cercarmi dentro a nessuno". Inutile che LUI si faccia questo scrupolo: LEI si sta facendo tutti i suoi amici, in fila indiana.

DIAGNOSI

Sarebbe facile cavarsela facendo leva sul successo di Bigiobiagio tra le giovani donne, sostenendo che questo brano si addice a quante tra loro sono in preda al maceramento del cuore (mentre i giovani uomini, ascoltandolo, accusano il maceramento di altre parti del corpo). In realtà, la diagnosi è complicata dal narcisismo dell'interlocutore: fingendosi contrito, il narratore porta acqua al proprio mulino, come nel passaggio chiave: "Se lei...? Chi ha sbagliato alla fine non conta. Quando tutto finisce c'è sempre chi chiude la porta e chi invece sta male". Leggi: LEI ha sbagliato, ma LUI perdona. LEI chiude la porta mentre LUI sta male. E infine, LEI, dopo essere stata tanto gelosa, va a fare la maiala in giro per Rozzano.

Quindi, la vera questione patologica è la perdurante idealizzazione del rapporto concluso e una mancata elaborazione del lutto da parte del fesso che finalmente l'ascoltatrice aveva deciso di piantare.

TERAPIA

Come fare ad aprire gli occhi di Adagiobiagio e di quelli come lui? Come insegnare alla gente ad allontanarsi, disaffezionarsi, disinnamorarsi, distaccarsi, perdere l'interesse, stancarsi, raffreddarsi, stufarsi? Qui ci viene in soccorso un giovane artista italiano, Max De Angelis. La sua canzone, *Grandine*, non bisogna solo ascoltarla, ma ripetersela come un mantra, possibilmente guardandosi allo specchio, fino a ottenere l'effetto desiderato: "Grandine, sei solo grandine, continua a scendere, continua a scendere dove cammini tu, dove cammini tu, ma io non ti amo più, io non ti amo più, sei solo grandine, sei solo grandine fredda da sciogliere, fredda da sciogliere". Quando avrete finito, tra l'altro, sarete pronti per la disarcivescovodicostantinopolizzazione di un importante religioso.

Patty Pravo
E DIMMI CHE NON VUOI MORIRE

featuring

Fiorella Mannoia
QUELLO CHE LE DONNE NON DICONO

"Ragazzo triste, sono uguale a te."
Patty Pravo

Allora, lui è sposato. Lei è l'amante.

Lui la fa girar, la fa girar, la fa girar come fos... se... una... bam... bola (e per lei non è niente di nuovo). Quindi la molla al suo destino. Dopo qualche anno, come la maggior parte degli uomini di sesso maschile, torna sul luogo del delitto – ma lei non fa troppe storie. Sì, è delusa e disillusa, emette una tipica espressione pattipravesca di elegante tedio, ma non si nega. Si offre con noncuranza, chiedendo: "Vuoi far l'amore con me?" come se domandasse: "Dov'è il telecomando?".

Ha solo due desideri:

1) essere portata al mare
2) sapere che lui non vuole morire.

Se non fosse per la musica suadente, uno sarebbe legittimato ad aggrottare la fronte nell'espressione intensamente dubbiosa che ha reso noto il piccolo protagonista del telefilm *Arnold*. "Che cavolo stai dicendo, Pravo?" Insomma, lui se la sta sciallando alla grande, con te, la moglie e forse qualche escort; l'unica cosa che può turbarlo sono le loro richieste finanziarie – ma tra i suoi desideri, quello di morire non compare affatto... oppure non hai notato che un attimo dopo la domanda: "Vuoi far l'amore con me" è rimasto in men che non si dica in mutande (e calzini)? Naturalmente lo stato confusionale non è imputabile alla Patty, anche se si sa che è una che non si è negata niente, neh. Il fatto è che queste canzoni su donne *definitivamente* deluse dagli uomini, in realtà nascono quasi tutte da penne maschili (o al limite da quella di Cristiano Malgioglio). La Vanoni, Mina, Mia Martini, Fiorella Mannoia, ci sono dovute passare tutte – anzi, torniamo pure alla Mannoia, il cui brano più celebre, *Quello che le donne non dicono* (di Enrico Ruggeri), ha per sfondo una situazione assimilabile a quella di *E dimmi che non vuoi morire*. A casa Mannoia c'è un ultimo disperato anelito per i complimenti dei playboy che non arrivano più. Per delle rose e nuove cose nelle sere tempestose. A casa Pravo, c'è uno stanco scetticismo: "Sono tutti quanti degli eroi quando vogliono qualcosa", mormora con una smorfia la diafana signora di mezza età, versandosi due dita di Chivas di fianco a una foto appesa al muro che la ritrae ai tempi in cui era "la ragazza del Piper". E inaspettatamente, mentre la rossa, muscolare Fiorella si propone come quarantenne bambola da far girar ("cambia il vento ma noi no, non saremo stanche, neanche quando ti diremo ancora un altro sì"), la Bambola originale, la esile e bionda Patty, manifesta il proposito opposto, con un "la cambio io la vita che non ce la fa a cambiare me" propositivo anche se un po' confuso (tenete conto che gli autori sono Gaetano Curreri e Vasco Rossi. Il primo non di rado si ingarbuglia nello slancio, il secondo probabilmente si è limitato a scompaginare l'analisi logica di alcune strofe dopo aver tentato in tutti i modi di imporre, come ritornello, la vocale "Eeeeeeee!").

DIAGNOSI *FEATURING* TERAPIA

È molto probabile che chi si strugge per una delle due canzoni abbia un'alta opinione anche dell'altra: entrambe mettono in scena lo sfiorire femminile e la mestizia che lo accompagna. La donna-Mannoia, nonostante il vitalismo vocale del ritornello, continua a farsi trascinare dalla vita e da chiunque possa citofonare alle 23.45 al suo appartamento all'Eur per colorare le sue notti bianche. La donna-Pravo è anche lei una ex topolona che ne ha viste tante, ma non si aspetta più nulla, capisce che bisogna cambiare la vita che l'ha delusa più del babbeo in mutande (e calzini) che non la farà certo girare – quindi, che perlomeno la porti al mare. Si tratta di un'elaborazione un po' cinica ma adulta della depressione, che chiede comunque all'amante il retrogusto del sogno ("fammi sognare, portami al mare"), consapevole che di più non avrà.

L'errore comune di chi ascolta questo brano può essere quello di interpretare il tutto come una resa, uno sprofondarsi nel ruolo di zerbino in cocco che Ruggeri immagina per la donna-Mannoia. Del resto, l'intricato ritornello sul cambiamento messo giù dai due rocker emiliani per Patty è oscuro come il Lambrusco. Quindi, per contribuire a migliorare le aspettative di chi si sente vicino/a al baratro degli "anta", suggeriamo *La donna d'inverno*, di un metaforico ma baldanzoso Paolo Conte. "Perché d'inverno è meglio la donna è tutta più segreta e sola. [...] E mi domando in fondo se mentre lei splende sul sofà d'inverno, d'inverno non sia anche più intelligente."

Pooh
UOMINI SOLI

"Io stavo già come mi vedi,
così col cuore sotto i piedi."

Valerio Negrini

I Pussy Galore sono il più famoso gruppo di rock indipendente di New York degli anni ottanta, e prendono il loro nome da un personaggio del film *Goldfinger* di James Bond. I Pooh invece sono uno dei più importanti gruppi della storia del pop italiano, e prendono il loro nome da *Winnie the Pooh*. Sebbene i primi possano sembrare più fighi, sono svaniti nel nulla; i secondi, paciarotti e un po' bolsi anche da giovani, sono sulla breccia da 40 anni, hanno inciso più di 30 album e venduto 22 milioni di dischi. E non alla stessa persona.

Peraltro i Pooh sono dei gran burloni, andare in giro con loro è un po' come essere in gita con la scuola: tutti a far casino sul pullman, e a cantare in coro *Ci son due coccodrilli e un orangotango*, oppure brani di Riccardo Fogli. I quattro, Red, Dodi, Roby e Yoghi, nel 1990 hanno deciso di vincere il Festival di Sanremo, del quale avevano sentito parlare da Riccardo Fogli. Per farlo, sapevano che era necessaria una canzone di accattivante tristezza – che non è proprio il loro genere. La più sofferta che hanno scritto, *Tanta voglia di lei*, metteva in scena le goffe spiegazioni di un uomo che la mattina spiega alla tipa con cui ha passato la notte: "D'un tratto so che devo lasciarti" (come dire: ehi, mi sembrava di aver dimenticato qualcosa: ho moglie!) e correre a casa dalla legittima prima che si svegli. Ovvero, il timore dell'uomo fedifrago di essere beccato. Più che una canzone triste, sembra un film con Renzo Montagnani.

Uomini soli invece va a pennellare dettagli presumibilmente significativi e baglioneggianti sulla vita in tono minore di uomini infelici che vivono le loro storie di tutti i giorni, come le avrebbe chiamate, putacaso, Riccardo Fogli. "Li incontri dove la gente viaggia e va a telefonare, col dopobarba che sa di pioggia e la ventiquattro ore, perduti nel *Corriere della Sera*, nel va' e vieni di una cameriera." Il dopobarba che sa di pioggia? IL DOPOBARBA CHE SA DI PIOGGIA??? Base spaziale, rispondete: siamo finiti in una dimensione parallela nella quale Melissa P. è Dio e *L'odore del tuo respiro* è il Nuovo Testamento. Fateci uscire di qui o ci faremo esplodere ascoltando dischi di Morganexbluvertigo.

Ah, così va meglio. Ben fatto, base spaziale. Prima di sprofondare in un buco nero poetico, eravamo vicini al fatidico punto della canzone in cui si parla di un uomo che è "da solo perché ha in testa strani tarli, perché ha paura del sesso o per la smania di successo, per scrivere il romanzo che ha di dentro... Perché la vita l'ha già messo al muro, o perché in un mondo falso è un uomo vero".

Il pover'uomo non sta mica tanto bene.

E tirare in ballo Dio ("delle città e dell'immensità") non serve, perché "questa vita stende, e chi è steso dorme o muore" oppure (ma sono casi rarissimi, ve lo assicuriamo) "fa l'amore".

Altri tapini si rivelano soli per i più svariati motivi: "per la sete d'avventura", "perché han studiato da prete o per vent'anni di galera", "per madri che non li hanno mai svezzati", "per donne che li han rivoltati e persi" oppure – e qui okkio che fa capolino un tema scottante – "perché sono dei diversi". Il Dio delle città e dell'immensità, nuovamente invocato, si rivela un due di picche con briscola a bastoni, perché quaggiù "non siamo in cielo, e se un uomo perde il filo è soltanto un uomo solo".

È evidente che i Pooh non hanno mai colto quel non so che di inebriante e *cool* dell'essere single. Ignorano l'esistenza dei prodotti monoporzione. Non apprezzano la possibilità di scegliere ogni sera il lato del letto su cui dormire e di tenere la luce accesa fino alle tre di notte per leggere senza sentire grugniti: insomma, l'indipendenza unita alla possibilità di evitare un eccessivo carico di responsabilità, oltre che la libertà di coltivare le proprie passioni. (A proposito di coltivare, sapete che hanno appena inventato un sistema che permette di irrigare le piante via Internet? Da qualsiasi punto del mondo e con un semplice comando puoi dar l'ordine di innaffiare le piante di casa, senza dover dare le chiavi alla mamma ogni volta che si va in vacanza, che poi si sa che lei comincia a frugare qua e là per vedere se c'è ancora, sparsa per casa, tanta voglia di lei.)

DIAGNOSI

Uno degli svantaggi della singletudine è che in media un terzo del budget se ne va nelle spese di affitto e manutenzione dell'appartamento, che non possono essere condivise con nessuno – a meno di non prendersi un coinquilino, nel qual caso però non si è più veri single. Da una ricerca realizzata dall'Osservatorio Metropolis che ha intervistato 732 single milanesi, uomini e donne di età compresa fra i 28 e i 45 anni, risulta che 7 su 10 confessano che vivere da soli fa male e provoca stress, solitudine, noia e disordine. Sintomi confessati anche da 7 *accoppiati* su 10, ma questo lo analizzeremo un'altra volta, magari. Non svicoliamo e rimaniamo sui single, ai quali pesa soprattutto guardare la tv da soli la sera (72% i maschi e 67% le femmine. Ma perché la guardano, se gli pesa?), dover andare a cene con amici accoppiati (46% degli uomini e 61% delle donne), fare la spesa settimanale (il 68% degli uomini. Al 98% dei quali comunque peserebbe fare la spesa anche con Nicole Kidman).

TERAPIA

Sono molti e profondi, dunque, i mali degli uomini soli, non ultimo il fatto che nessuno lava loro la schiena quando sono sotto la doccia. Ma i Pooh medesimi, dopo averli gettati nella disperazione 15 anni fa, oggi decidono di salvarli. Come? Con la loro ultima canzone, *La grande festa*, ai cui cori hanno partecipato sessanta fan del gruppo, scelti attraverso il loro sito Internet. Considerato il successo dell'operazione, i Pooh hanno deciso che d'ora in poi incideranno solo canzoni corali, con l'aiuto di *ensemble* spontanei o già costituiti, come il Circo Barnum, le Brigate Rossonere, i creditori di Calisto Tanzi o gli ex fidanzati di Alessia Merz.

Francesco Guccini
IN MORTE DI S.F. (CANZONE PER UN'AMICA)

“Vedere la luce?
Credo che sia impossibile.”
Francesco Guccini

Francesco Guccini è un personaggio tutt'altro che triste. Certo, come abbiamo visto parlando di *Incontro*, è difficile negare che sia un filino gramo. Del resto, come lui stesso ricorda, la sua gestazione ha coinciso con quella dell'entrata in guerra del nostro Paese, ma alla fine, dopo nove mesi, il testa a testa è stato vinto da Mussolini: “Entro nel mondo che l'Italia è in guerra da quattro giorni. Quando si dice nascere sotto una buona stella!”.

In morte di S.F. – Canzone per un'amica è uno dei brani più noti e amati della storia della canzone italiana. Interpretato poi anche dai Nomadi, che l'hanno reso se possibile ancora più tetro, originariamente fu inserito all'ultimo momento – dopo l'incidente realmente capitato a un'amica – nel primo album di Guccini:

Folk beat n.1 (1966). Il disco non ebbe nessun successo, nonostante contenesse altre perle di rara mestizia tipo *Canzone del bambino nel vento* (più nota come *Auschwitz*); *Noi non ci saremo*, sui possibili danni dell'atomica; e soprattutto *Statale 17*, su un autostoppista sfigato che nessuno, nemmeno un camionista, tira su e che probabilmente morirà anche lui, di autocombustione, sull'asfalto bollente.

Comunque, *In morte di S.F.* è la prima grande ballata di Guccini, che da moderno cantastorie racconta con taglio epico una piccola tragedia del quotidiano. La deprimenza si sviluppa in squisita contemporanea nei testi *e* nella musica, fatta di frasi melodiche quasi tutte discendenti – in cui cioè la prima nota è la più alta, mentre le successive rotolano spassosamente agli inferi. Provate a intonare con noi: "Lunga e diritta correva la strada". Se sul "lu" siete partiti con dignità, arriverete al "da" di "strada" con il morale sotto i tacchi. Qui inoltre fa la sua comparsa uno dei guccinismi più ricorrenti: la ripetizione dell'ultimo verso di ciascuna strofa. E quindi: "L'auto veloce correva, la dolce estate era già cominciata, vicino lui sorrideva", (pausa), "vicino lui sorrideva". Giusto nel caso aveste pensato per un attimo che lui invece che sorridere, sogghignasse.

Dunque, questa ragazza guida tenendo il volante con mano forte. E non sa che quel giorno c'è la morte che l'aspetta. Nessuno l'ha avvertita. Sicché ci chiediamo con Guccini "che cosa ha pensato" (ipotesi: "Vaccaboia!") quando la macchina è uscita di lato, impazzita, finendo sopra un'altra. Cosa ha pensato l'altro autista sarebbe un interrogativo altrettanto interessante, ma quello è un lutto altrui e non siamo tenuti a elaborarlo.

Tragico schianto, lamiere contorte = "sull'autostrada cercavi la vita, ma ti ha trovato la morte". Eh, l'ennesima strage del sabato sera, questi ragazzi che prendono le droghe ("... vicino lui sorrideva"). Se la parte più splatter, più dylandoghiana della canzone è senz'altro questa, molti esistenzialisti amano soprattutto il passaggio: "Vorrei sapere a che cosa è servito, vivere amare e soffrire, spendere tutti i tuoi giorni passati, se presto hai dovuto partire". Pausa. "Se presto hai dovuto partire." Probabile riferimento al fatto che si era alzata presto per partire – Ho un'idea! Ci svegliamo alle 4 e alle 6 siamo al casello, così evitiamo l'esodo: la classica partenza intelligente.

A nulla vale il tentativo di risollevare l'umore nell'ultima strofa: "Voglio però ricordarti com'eri, pensare che ancora vivi, voglio pensare che ancora mi ascolti, e che come allora sorridi" (ah, anche lei. Mentre vicino, lui sorrideva. Pausa. Vicino, lui sorrideva).

Guccini, che parla diffusamente di tutto, ma tutto-tutto, non ha mai dato troppe spiegazioni su questo brano, offrendo il fianco a una teoria deprecabilmente goliardica, secondo la quale la macchina è sbandata perché lei, invece che tenere con mano forte il volante, teneva con mano forte tutt'altro arnese ("vicino lui sorrideva"). Però da circa 40 anni, tutti i concerti di Guccini si aprono con questo pezzo. I più romantici amano pensare che sia per un fatto affettivo, ma la verità prosaica è un'altra: "Essendo tutto sommato un brano non difficile da cantare, anche con degli accordi passabili, serve a nascondere il tremore della prima canzone. E poi l'ho tenuta come una specie non dico di bandiera, ma di sigla iniziale. È anche un fatto scaramantico". *Ipse dixit*.

DIAGNOSI

Il dolore per la morte di una persona cara è una delle esperienze più pesanti che dobbiamo affrontare durante la nostra vita. Sconvolge profondamente le nostre emozioni, può modificare il nostro modo di interagire con gli altri e persino il nostro aspetto fisico. *Canzone per un'amica* viene spesso adottata da chi ha perso una persona a cui teneva. Tuttavia, la sua appartenenza alla nostra cultura da ormai 40 anni ha operato una singolare sdrammatizzazione. Molti la cantano in gruppo mentre vanno in macchina verso il mare, sull'Autosole, simulando la *erre* moscia di Guccini. Ma certamente *In morte di S.F.* è godibilissima nelle situazioni più diverse: la si può berciare gaudiosi durante un falò sulla spiaggia, così come ascoltare nell'iPod in un giorno di pioggia, con le lacrime che rigano la faccia, subito dopo essere stati bocciati a un esame (quello per la patente è sicuramente il più appropriato). Di fatto, nonostante parli espressamente di morte, rende l'atto della commemorazione sorprendentemente allettante. Tanto che molti dei suoi ascoltatori si rammaricano intimamente per non aver mai perso qualche amico in uno schianto, in modo da potergliela dedicare alla radio.

TERAPIA

Non esiste una ricetta consigliabile per l'elaborazione del lutto dovuto alla morte di una persona cara. Ognuno ha i suoi tempi e i suoi modi, e prendendo a prestito una frase di Ramazzotti, "se bastasse una sola canzone", la faccenduola sarebbe più facile. Un debole palliativo è l'ascolto di un brano che, in un passaggio, ricorda quello di Guccini. Si tratta di *Cani e padroni di cani*, di Elio e le Storie Tese. Che descrive a sua volta un ultimo istante fatale: "Bastoncino dimmi, tu cosa hai pensato, mentre la menta ti si gelava intorno". Scusate, qui dobbiamo fermarci – abbiamo gli occhi iniettati di lagrime.

Tiromancino
AMORE IMPOSSIBILE

"Pensare all'esistenza di realtà parallele
può far venire in mente l'infinità dei sogni
che possono contenere."

Federico Zampaglione

Questa è più di una canzone. È il monolite di *2001 Odissea nello spazio*. Ogni volta che la ascoltiamo, o ne leggiamo il testo, veniamo presi da un senso di tensione verso qualcosa di immenso e inconoscibile – ed esattamente come le scimmie che si trovano davanti al Toblerone cosmico del film, ci avviciniamo quadrumani per toccarlo, emettendo grida isteriche. *Amore impossibile* è il compimento di un'impresa titanica, un sogno alla Borges: tutte le frescacce inverosimili da canzonetta da strapazzo sono presenti contemporaneamente, brulicano di vita e con ogni probabilità si riproducono all'interno del testo, generando nuovi "occhi che sorridono", "cieli nascosti sul fondo dell'anima", "la primavera solo se vuoi ci troverà", "chiudere la realtà dentro la tua isola per non perdere la voglia di volare", e il categorico "l'amore è amore impossibile quando non riesci a inseguire l'irraggiungibile".

La canzone, per chi non lo sapesse, è farina del sontuoso sacco di Federico Zampaglione, rimasto l'unico componente dei Tiromancino dopo aver estromesso il fratello Francesco, l'ex fidanzata Laura Arzilli e il produttore Riccardo Sinigaglia – e questo perché, spiegò all'epoca Zampaglione, preferivano "far parte di un gruppo di nicchia che confrontarsi col grande pubblico" (e con i soldoni).

Ma la cristallina bellezza di *Amore impossibile* non sta solo nel suo infilare come perline le parole che *sanno di poesia* (primavera – anima – libertà – cielo – stelle – volare – sogni. Ehi, manca solo "scudetto") e mescolarle con fare grave come farebbe un cartomante su VideoBergamo. No, il merito di Zampaglione è quello di mettere in scena una manfrina tipica dei giovani uomini, ovvero la finta depressione. Così come *Amore impossibile* simula spessore poetico, il giovane zampaglioneggiante si rende interessante per la giovane donna simulando una sensibilità tormentata. Stordita l'incauta femmina con un trionfo di ambivalenza amletica (nello stesso verso: "Rimani qui, non sei da sola. Se partirai ti seguirò". O il già citato: "È amore impossibile quando non riesci a inseguire l'irraggiungibile". Non è Cesare Pavese, ma potrebbe essere un pavesino), riesce a sdraiarla onde raggiungere un senso, pardon, un "zènzo" di libertà. Dopo di che, mette in atto la seconda fase: lo svicolamento dovuto – c'è del genio – a eccessivo tormento. Lei sta chiedendo amore impossibile, nonché il permesso di "chiudere la realtà dentro la tua isola per non perdere la voglia di volare". Qualunque cosa significhi, lui a questo sporco gioco non ci sta, non rinuncerebbe mai al zènzo di libertà oltre le stelle e il cielo che è nascosto sul fondo dell'anima. Se ne va struggendosi, facendola sentire in colpa, senza nemmeno soggiungere il classico "sì, sì, ti chiamo io". La finta depressione ha quindi aiutato il giovane uomo a:

1) sedurre
2) darsela a gambe e, nel caso di Zampaglione,
3) farci due lire.

DIAGNOSI

Più che formulare una diagnosi, verrebbe da invocare la circonvenzione di incapace – ma il comportamento che *Amore impossibile* descrive e di fatto avalla è una versione molto subdola e manipolatoria della personalità istrionica. Sono presenti uno stile verbale povero di dettagli, superficialità o cambiamenti fulminei nell'espressione delle emozioni, egocentrismo, intolleranza alle frustrazioni. I sentimenti sono faticosi, complicati, non si capisce nulla, l'amore è impossibile! Quindi tanti saluti – zènzo di libertà.

TERAPIA

Per la fanciulla che voglia difendersi dai simulatori/manipolatori (spesso uomini bellocci e piuttosto sexy) occorre cingersi di potente corazza e possibilmente essere spalleggiata da un cavaliere di nobile animo (spesso fisicamente impresentabile). Qualcuno tipo Cyrano, per intenderci, cui Guccini inneggia nell'omonima canzone (a dire il vero lui ha italianizzato l'eroe, trasformandolo in *Cirano*). Un idealista che combatte per quello in cui crede nella speranza di un mondo migliore: "Dev'esserci lo sento in terra o in cielo un posto dove non soffriremo e tutto sarà giusto". Se siete sue amiche è pronto a proteggervi dagli stronzi: "Con questa spada vi uccido quando voglio". E quando serve è proprio un duro: "Inutili cantanti di giorni sciagurati, buffoni che campate di versi senza forza! Avrete soldi e gloria ma non avete scorza". Tutto, quindi, ci fa pensare che, pur essendo Cyrano vissuto tra il 1619 e il 1655, per qualche strano motivo conoscesse Zampaglione.

Fabrizio De André
AMORE CHE VIENI, AMORE CHE VAI

"Secondo me il difetto sostanziale sta nella natura umana."

Fabrizio De André

Digitate su Google le parole "amore" e "De André": tra i risultati otterrete *La canzone dell'amore perduto*, *La ballata dell'amore cieco*, *Amore che vieni amore che vai*. Quindi amore smarrito, orbo, che fa avanti e indietro: l'*avantindrè* di De André (uah, uah, uah. Era bella, vero? E vabbè, non si può ridere perché De André non c'è più. Che palle che siete). Non era certo uno cui il celebre sentimento che tutto il mondo ci invidia mettesse le alucce al cuore. Lo dimostra questa canzone: uno stillicidio. Comincia con un'impresa impossibile: "Quei giorni perduti a rincorrere il vento". Tenete presente che la bora soffia a 30 nodi. Chi riesce a starle dietro? Forse con lo scirocco c'è qualche possibilità in più, ma sarebbe comunque un impiego del tempo demenziale, da sciroccati. E prosegue: "A chiederci un bacio e volerne altri cento". Al che sorge spontanea una domanda: non sarebbe stato più facile chiederne cento da subito, di baci, in modo da averne poi da parte una piccola scorta? Sulla stessa linea il resto della canzone: il testo è lacerante, estenuante, sfiancante, snervante, antiappannante e un terzo degli aggettivi che finiscono in "ante".

La tristizia decolla con "un giorno qualunque li ricorderai" (i baci), "amore che fuggi, da me tornerai". Questo può significare due cose: o che la tiene metaforicamente al guinzaglio, nel senso che lei cerca di andarsene ma è costretta a tornare da lui spinta dal bisogno economico. Oppure che la tiene al guinzaglio davvero, magari con uno di quei modelli lunghissimi da addestramento noti come "la lunga", che arrivano fino a otto metri e hanno uno spettacoloso moschettone all'estremità. Se volete usarli con la vostra fidanzata, evitate la boscaglia, perché poi magari l'esagitata gira attorno a un albero e incasina tutto; meglio servirsene in campo aperto, che oltre tutto fate anche una certa figura in pubblico.

Ma torniamo a noi. Nella strofa successiva lui afferma: "Tu che con gli occhi di un altro colore mi dici le stesse parole d'amore". Qui tutti pensano che la ragazza abbia messo le lenti a contatto con gli smile. Ma sbagliano. Noi sappiamo come stanno le cose: non si tratta della stessa persona, ma di *un'altra* ragazza, e *per questo* ha gli occhi di un altro colore. A furia di inseguire il vento lui è partito per la tangente, e ora si abbarbica alla prima che passa, che gli dice le stesse parole d'amore della precedente ("Mi lasci stare!") e rifiuta di dargli i suoi cento baci. Alla fine lei si divincola e tenta di fuggire, ma lui le ha piazzato al collo un guinzaglio con collare largo (3-4 cm) per consentire una maggiore aderenza ed evitarle fastidiosi strappi: di solito è provvisto di una girella che impedisce il già citato inconveniente dell'attorcigliamento. Sicché, avendo ora *due* donne che si scapicollano via a turno ma poi tornano come yo-yo, lui contempla l'avantiandré ribattezzando questo frustrato afflato, riconducibile al mito di Sisifo, con il lapidario commento: "Amore che vieni. Amore che vai".

DIAGNOSI

Chi indulge nell'ascolto di questo brano manifesta una tendenza a sovrapporre i propri altri significativi. Sappiamo che è un'espressione che dal punto di vista dell'italiano fa rabbrividire, ma in psicanalese funziona: gli "altri significativi" sono quelli che vi vogliono bene gratis. Sovrapporli dopo tutto quello che fanno per voi non è carino, ma se voi ascoltate De André non potete essere completamente cattivi, quindi potreste soffrire di qualche forma di amnesia, discendente da uno stato di costante indecisione. Chi ne è affetto non dimentica tutto, ma solo alcuni elementi della propria storia personale: per questo motivo si contraddice e cambia idea di continuo. Ciò avviene spesso per un trauma emotivo al quale l'amnesia permette di sfuggire. Una parte dei ricordi riaffiora in seguito alle giuste associazioni, ma ogni tanto, in fatale ritardo. Per questo motivo ci auguriamo che non vi stia venendo in mente in questo momento che dopo aver sfogliato questo libro a scrocco per quaranta minuti dal libraio siate usciti tenendolo ancora in mano, dimenticando che non lo avete pagato.

TERAPIA

Giorgia è autrice e interprete di canzoni tristanzuole ma mai troppo tristi – e infatti nessuno dei suoi brani è stato inserito in questo libro. Però possiamo usarla per tentare una terapia dell'amnesia: la sua *Gocce di memoria* sembra scritta apposta. In alternativa, un buon rimedio contro le amnesie è invocare Santo Stefano – che oltre a proteggere la memoria veglia anche su Rovigo (a cui mandiamo un saluto) e sui tagliapietre.

Antonello Venditti
RICORDATI DI ME

"Il problema dei giovani in Italia è che la giovinezza viene letteralmente consumata."
Antonello Venditti

Protagonisti
Un lui sincero, zuccherino e innamorato.
Una lei indurita dalla vita.

Primo Atto
(Scena: piove)
Lui – Piove.
Lei – Uh! Che cos'è il Governo, eh? Che cos'è?
Lui – Dimmelo tu, cos'è.
Lei – È cleptomane.

Lui – Capita anche a te di pensare che al di là del mare vive una città dove gli uomini sanno già volare?

Lei *(algida come un cornetto)* – Frequentemente.

Lui – Tutta la città è allagata da questo temporale. Facciamo sesso?

Lei – Sì, ma senza amore.

Lui – Cosa? No, non c'è sesso senza amore. È dura legge del mio cuore.

Lei – Ah sì? E vabbè. Che dire, si è fatta una certa... Ciao, ciao, domenica. (*esce*)

Lui – Ora non c'è sesso, e non c'è amore. Anvedi.

Fine Primo Atto

Secondo Atto

(Scena: piove. Però è passato un tot di tempo)

Lui – Pronto?

Lei – Chi è?

Lui – Sono niente senza amore.

Lei – Mi spiace, non compro niente.

Lui – Sei tu il rimpianto e il mio dolore che come il tempo mi consuma.

Lei *(con una smorfia)* – Queste fesserie mi ricordano qualcosa...

Lui – Lo sai o non lo sai che per me sei sempre tu la sola.

Lei – Pensa invece che per me la sòla sei sempre tu.

Lui – Chiama quando vuoi, basta un gesto forse una parola.

Lei – Sto facendo un gesto, sì.

Lui – Che sono un'anima ribelle.

Lei – Parlando di anime, quella de li mortacci tua ti manda a salutare.

Lui – Ricordati di me, della mia pelle.

Lei – Ma quale, lo scendiletto in pecora? Ma l'avrò buttato via chissà quando.

Lui – Ricordati di te com'eri prima... il tempo lentamente ti consuma.

Lei – Ahò!!!! A chi? A occhialetti! Ma te ne vuoi anna'? Ma senti questo, ma chi mai sarà...

Lui – Sarà quel che sarà, questa vita è solo un'autostrada.

Lei – E tu sei al casello. A Romacapoccia, e vattene!

Lui – Ricordati di me, quando ridi, quando sei da sola.

Lei – Sola? E quando mai: so' qui co' Rocky, Rambo e Sting. Me stanno a mostra' certe colonne sonore.

Lui – Fidati di me, questa vita e questo tempo vola.

Lei – Fidati di me: hai rotto li cosi. Addio! *(mette giù la cornetta)*

Lui – Na na na na, na, nananana na, na na...

Lei – *(tuut tut, tuut tut, tuut tut)*

(sipario)

FINE

DIAGNOSI

L'ideale per godersi appieno *Ricordati di me*, canzone di tutti gli innamorati respinti, è scolarsi, da soli, una bottiglia di Berlucchi sfiatato. Per poi unirsi a Venditti ubriachi, ancor più tristi per l'inopportuna mancanza di bollicine, e ciondolanti: "E non c'è sciesso scienza amoreeeeh! Hic!". Non tutte le sue canzoni lo permettono: in alcune ci sono strofe-scioglilingua quasi impronunciabili (... provate a cantare "ma come fanno le segretarie con gli occhiali a farsi sposare dagli avvocatiiii" in quattro secondi come fa lui, se ci riuscite). È sempre bello caragnare un po' ascoltando *Ricordati di me*. Anche perché il nostro uomo ha di buono questo: si lascia ascoltare all'infinito e non stanca *mai*. Resiste superbamente ai tentativi d'imitazione tipo quelli di Corrado Guzzanti – e del resto, Venditti si è imitato da sé tutta la vita. Comunque, dicevamo, *Ricordati di me* piace a tutti gli innamorati respinti e un po' tordi, per capirci quelli che insistono a bussare anche se non ce n'è o, peggio, se son cornuti. I casi estremi si concludono con la sindrome di Otello, che porta l'innamorato a uccidere l'oggetto d'amore. E questo è niente. Il destino di Simona Izzo, ex compagna di Venditti, è stato persino peggiore: si è messa con Maurizio Costanzo.

TERAPIA

Il tradimento è senza dubbio uno dei temi più frequentati in musica. Lo stesso Venditti parrebbe esserne stato più volte ferito (vedi anche il suo brano: *Lo stambecco ferito*). Proprio per questo ha finito per individuare la terapia più comune: che è, notoriamente, andare a casa di uno dei malcapitati che ci frequentano per rovinargli la serata caragnando, convinti che *Ci vorrebbe un amico* per poterla dimenticare. Malauguratamente, lei è a casa dell'amico di lui, e stanno a fa' er *Circo Massimo*.

Claudio Baglioni
POSTER

"Anche il mio cane si fa forte e abbaia alla malinconia."

Claudio Baglioni

Claudio Baglioni è Gran Maestro di Strazi, ma nel "Lontaaaaaa... no" che fa da ritornello a questa canzone si supera. Sfodera una voce che avrebbe fatto alzare bandiera bianca anche al demone Pazuzu, da cui è posseduta la bambina dell'Esorcista. Già che parliamo di film dell'orrore, ci sono alcuni puristi che giudicano il "Lontaaaaaa... no" un'esagerazione non necessaria, più o meno come il volto del demonio che appare alla fine di *Rosemary's baby* di Polanski: sia il regista che il cantautore romano avevano già vinto la partita anche senza ricorrere all'asso di briscola.

E si ha la vaga sensazione che Baglioni, che ci piace immaginare com'era all'epoca di *Poster* – giovane e col cascone di capelli neri invece che con le attuali fattezze di cinquantenne bionda platinata – dicevamo, Baglioni, mentre grida

Lontaano...

Lontaaaano...

L'ontaaaaaaaano (no, era uno scherzo. Dice Lontano, senza apostrofo)

ci stia tirando per la giacca, dicendoci: "Insomma, l'avete capito Quanto È Triste Questa Canzone?"

Quasi sicuramente sì, visto come è stato preparato il terreno con l'arrangiamento. Ci sono tutti gli strumenti infelici per antonomasia, che si danno il cambio come in una staffetta olimpica: attorno al pianoforte baglioniano corrono dapprima un violino, poi un violoncello; il terzo tratto è affidato a un mandolino (però sostenuto da archi, e infatti lo aspettiamo all'antidoping), mentre il giro finale è disputato a sorpresa da un'armonica a bocca. Scommettiamo sei euro che Baglioni aveva appena visto *C'era una volta il West*.

L'intenzione di demolire psicologicamente l'ascoltatore è manifesta.

(... Qui ci sarebbe margine per un gioco di parole piuttosto ebete su "manifesta" e "poster": i due si incontrano e si innamorano e fanno tanti bei volantini. Però sinceramente siamo in dubbio se osare oppure no.)

Dicevamo: l'intenzione è manifesta dalla prima strofa, quando si capisce che non c'è azione, tutto è statico, l'occhio spazia su un panorama di immagini assolutamente neutre, ma che Baglioni elenca con le corde vocali annodate per comunicarvi Quanto È Triste Questa Canzone.

Perché va bene l'orologio rotto e il nome della stazione cancellato dall'umidità, che suggeriscono desolazione (anche il treno delle 7.30 – sospettiamo che sia quello del mattino, sempre in ritardo e sempre pieno. Si può sapere cosa gli costa aggiungere un'altra carrozza? Da chi è raccomandato il responsabile della tratta? Cosa siamo, bestiame?... Oh, scusate lo sfogo). Vanno bene "la panchina fredda del metrò" e "il tuo paltò" (sì, *tuo*, caro lettore. Sei TU il protagonista della canzone. E non venirci a dire che quest'anno va di moda).

Ma il bambino che si tuffa dentro a un bignè? Cosa c'è, secondo Baglioni, di così spiacevole? Preferisce le meringhe? Che poi, secondo noi il bambino che *si tuffa in un bignè* è quasi certamente il figlio dell'eroe di una delle più antiche barzellette italiane, che se ricordiamo bene fu citata anche da Achille Campanile nel suo *Trattato delle barzellette*. Quella che diceva: "Un uomo entra in un caffè: splash".

E poi, le donne coi sacchetti dell'Upim. Cos'hanno i cantautori contro l'Upim? Anche Guccini compianse i bambini di Milano "coi vestiti comperati all'Upim". Che fa venire in mente un'altra innocua facezia, questa collocabile negli anni sessanta, secondo la quale UPIM stava a significare "Unione Per Imbrogliare Meglio". Ma Baglioni e il suo arrangiatore non lasciano speranza a nessuno, tutto è egualmente avvilente, anche la "radiolina accesa" che manda "le note di un'orchestra jazz", e il tizio che "legge attento le istruzioni sul distributore del caffè" (qui possiamo essere almeno in parte d'accordo. Le istruzioni dell'ascensore sono più divertenti, non c'è paragone), e il "vecchio con gli occhiali spessi un dito [che] cerca la risoluzione a un quiz" (puntiamo altri sei euro: secondo noi si tratta del Corvo della *Settimana Enigmistica*). Il vecchio ha superato il casting che lo vedeva in concorrenza con la vecchia con la foto di Papa Giovanni, l'ometto di mezza età con "il vestito nuovo colore cane che fugge" e tutti gli altri caratteristi chiamati a dare un tocco di bigiume ai documentari baglioniani. Non parrebbe uno scenario angoscioso – l'ora di colazione a Baghdad è decisamente meno raccomandabile – ma per TE, caro lettore, tutta questa ordinarietà è intollerabile: "seduto con le mani in mano", "sei lì che aspetti quello delle 7.30", vedi un poster "che qualcuno ha già scarabocchiato" (il classico pingone fatto col pennarello da qualche studente testacchione) e "sogni ancora sogni e sempre sogni di fuggire via".

Dove?

Lontaaaaano...

Lontaaaaaaaaaaano...

Lontaaaaaaaaaaaaa(aaa!)aaano...

Il sogno si interrompe brutalmente, turbato dal tipo di cose che notoriamente feriscono un animo sensibile: un giornale "aperto sulla pagina dei films" (e cosa ci troverà di così orripilante? I film di Pieraccioni sono venuti molto dopo), "due ragazzi stretti stretti che si fan promesse per l'eternità" (... stai a rosica', eh?), "e sui binari quanta vita che è passata e quanta che ne passerà" (anvedi che frase spessa. E a Roma non ci sta più il ponentino e a Milano non c'è più la nebbia e le squadre dell'Est sono forti fisicamente ma dal punto di vista tecnico noi italiani siamo superiori, e via così, originaleggiando). Ma di nuovo lo sguardo è attratto da quell'elemento che apre una finestra su un mondo migliore.

Il poster. Che dice: "Vieni in Tunisia".

Le ferie in Tunisia fanno venire in mente un grande statista, nevvero? Forse anche Lui la ascoltava (del resto, la canzone cita un uomo che "si lamenta del Governo e della polizia", probabilmente un magistrato). Ma in fondo la Tunisia non è che un sinonimo di posto lontaaaano...

Lontaaaaaaaaaaaano...

Lontaaaaaaaaaaaaaa... aaa... aaano...

Un posto dove TU, caro lettore, sogni di fuggire via. Però ormai dovresti sapere che per quanto tu ti sbatta per andare lontano lontano lontano lontaaaaaano, una volta arrivato là ci troverai *sempre* turisti bergamaschi! "Teeee, Silvanoooh, teléfuna a ca' che stasera l'ha giogat l'Atalannntah!"

DIAGNOSI

Ah, vuole andare lontaaaaaano, lui. Non gli piace alzarsi presto per prendere il metrò, a lui. Non ha voglia di lavorare, lui. Si sente un poeta, lui. Affastella immagini struggenti, *lui*... MA VAI A LAVORARE! Lazzarone! Altro che. E Freud sarebbe d'accordo con noi. Jung forse no, ma era un lazzarone pure lui.

TERAPIA

Va bene, forse è stata una diagnosi un po' impietosa: magari non siete proprio dei lazzaroni, ma soffrite un po' di sindrome del lunedì mattina. Come potete guarire? Con un piccolo classico che ogni tanto le radio rispolverano: *Andamento lento*, che Tullio De Piscopo portò a Sanremo nel 1988. Siccome gli anni ottanta erano anni di bisboccia, quel Sanremo vide ai primi tre posti *Perdere l'amore* di Massimo Ranieri, *Emozioni* di Toto Cutugno e *L'amore rubato* di Luca Barbarossa, tre brani soffertissimi, uno dei quali è presente in questo volume. Il pezzo di Tullio De Piscopo fu giudicato troppo poco straziante per il pubblico italiano, perché affermava perentorio: "Vieni vieni con me, oh oh! E vieni vieni con me, oh oh! Alelai alelai alelai vieni appresso a me... Show me show me the way, oh oh! Show me show me the way, oh oh! Alelai alelai alelai alelai bum bum!". Ecco, mettete su *questo* la mattina, e prenderete di slancio il metrò delle 7.30 – ed eventualmente, anche un bignè. Scommettiamo sei euro.

Eugenio Finardi
EXTRATERRESTRE

"È tanto comodo essere cinici e delusi."
Eugenio Finardi

Eugenio Finardi ha un rapporto conflittuale con *Extraterrestre*. Con tutta probabilità è diventata più celebre del previsto, sicché il suo autore si è ritrovato un po' alienato (... l'avete capita, sì?). Tuttavia, la fama di questo brano non è usurpata. Forse il ritornello dondola un po', ma musicalmente ha un piglio jazz-rock abbastanza gagliardo, e Finardi gli imprime un ritmo vocale notevole – una delle sue caratteristiche migliori: avesse vent'anni oggi, qualche bandito lo costringerebbe a fare rap. Insomma, tra le canzoni avvilenti che sgomitando (ma forse sarebbe meglio dire singhiozzando) si sono guadagnate l'ingresso in questa antologia, è una delle più originali. *Extraterrestre* è stata composta alla fine degli anni settanta, in un momento in cui la tematica spaziale, da *Star Wars* a *Incontri ravvicinati del terzo tipo*, da *Goldrake* a *Mork e Mindy*, era realmente rutilante – e Finardi intuì l'aspetto chiave di questa alienazione da alieni. Ma prima permetteteci di indugiare in alcune righe nelle quali, come di consueto, presenteremo il brano ai pochi che non lo conoscessero, alternando riferimenti al testo a supponenti arguzie.

Dunque, la canzone parla di questo "tipo" (Finardi lo chiama così. Forse in realtà non ha visto il film di Spielberg e ignora le sue allusioni messianiche; anzi, è persuaso che la vicenda ruoti attorno al terzo di tre individui che tra loro si chiamano "Uè, tipo!" come si usa a Milano. In questo caso, molte delle qui presenti teorie cadono fragorosamente, con nostro sommo fastidio) che vive "in un abbaino per avere il cielo sempre vicino", vuole "passare sulla vita come un aeroplano", perché "non importava niente di quello che faceva la gente".

In sintesi il tipo, disinteressato al nostro mondo, sta cercando di contattare E.T. o il signor Spock affinché lo portino in "un pianeta su cui ricominciaaare". E, non è chiaro come, ci riesce.

Di botto è trasportato in un mondo tutto suo, col cielo viola. Tinta che rende sconsigliabile un abbigliamento basato sul verde e il marrone. Ma la cosa non lo preoccupa: è l'unico abitante, e può finalmente parcheggiare senza problemi. Purtroppo la sua euforia dura poco: ben presto scopre che "si sente ancora vuoto, si accorge che in lui niente è cambiato. Che le sue paure non se ne sono andate, anzi, che semmai sono aumentate".

E allora, in preda a *saudade* cosmica, invoca con voce tremula: "Extraterrestre portami via, voglio tornare indietro a casa mia. Extraterrestre, vienimi a cercare: voglio tornare per ricominciare!". La canzone termina dandoci la concreta sensazione che il vulcaniano Spock stia facendo orecchie da mercante e che

E.T., per quanto presumibilmente sensibile verso chi invoca "casa...", non si degni di rispondere, e che anzi borbotti stizzito: "Oh, ciccio, stavolta ti attacchi". Pare di vederlo, mentre invelenito rivolge in direzione del pianetino un suo lungo dito – stavolta non l'indice.

A questo punto, possiamo tornare alla fine degli anni settanta. Come ci hanno raccontato tutti, sta finendo un'epoca intensa. Le ideologie non lo sanno, ma stanno andando affancuore. Qualcuno se ne è accorto, e ha cominciato a cercare risposte altrove: non esistono ancora Internet, la tv via satellite e la Champions League, quindi bisogna arrangiarsi con quel che c'è. Ovvero: religione e droga. Molti vi troveranno risposte soddisfacenti e ci rimarranno a titolo definitivo – ma per tanti altri, esse si riveleranno una nuova delusione, alla quale tenteranno di rimediare negli anni successivi lanciandosi nell'ambientalismo, fondando una società di counseling, comprando un cascinale in Toscana, iscrivendosi a un Club Forza Italia, convertendosi al caffè d'orzo, facendo acquafit, aprendo un blog. Ma continuando a sentire quella sensazione: "Niente è cambiato", c'è sempre quell'idea di vuoto... Haha! Credevano di venirne fuori, invece non c'è verso, niente e nessuno è in grado di dar loro uno straccio di risposta. Eccetto questo libro, naturalmente.

DIAGNOSI

Okay, forse la stiamo facendo un po' lunghina: se pensate che la canzone si limiti semplicemente a trasporre in chiave fantascientifico-millenaristica l'adagio "Chi lascia la via vecchia per la nuova, sono schiaffi", beh, siete autorizzati a farlo. Ma in alcuni, l'ansia di evasione di *Extraterrestre* tocca delle corde nascoste e insospettate. Se fate parte di questi alcuni, è probabile che stiate covando un disturbo schizotipico di personalità. Un godibile intreccio di disagio acuto, relazioni interpersonali ridotte, distorsioni cognitive e – ammettetelo – eccentricità del comportamento. Credenze strane, pensiero magico. Superstizione, sesto senso, fantasie. Esperienze percettive insolite, illusioni corporee, abbaini, venghino siore e siori!

Altro sintomo: non è che per caso parlate in modo strano? Iperelaborato, metaforico? Nutrite una sospettosità paranoide? Avanti, a noi potete dirlo: diamine, siamo così anche noi. Non preoccupatevi: non è così drammatico. Con un po' di abilità si rimorchia pure.

TERAPIA

Allora, diciamo che avete un rifiuto per la realtà. Capita un po' a tutti. Però voi gli avete dato i connotati di una delirante fascinazione astrale, e questo è già più raro. Potete rimediare con un robusto dosaggio omeopatico di *La vita nell'era spaziale,* brano di Jovanotti del 1999 (anno fatidico anche per il telefilm *Spazio 1999,* in onda a fine anni settanta) che ospita al proprio interno il campionamento di *Extraterrestre*. L'inconcludente brano romperà l'incantesimo finardiano, svegliando in voi la consapevolezza che su questo complicato pianeta ci sono cose incresciose che esigono la vostra attenzione e il vostro impegno attivo: ad esempio, gli aberranti e farraginosi testi dell'hip-hop italiano, responsabili del genocidio di miliardi di neuroni. Verrete idealmente ricongiunti ai grandi discorsi incompiuti degli anni settanta, ma stavolta la causa per cui combattere non sarà un'utopia: mettere i rapper di fronte alle loro responsabilità si può e si deve, citandone in giudizio uno per educarne cento.

Marco Masini
BELLA STRONZA

"Nelle mie canzoni si riflette la vita di molti."
Marco Masini

Quando ci siamo messi a fare elenchi di canzoni lacrimevoli consultando amici, parenti, colleghi e conoscenti, alcuni nomi venivano fuori con troppa frequenza, come prima risposta scontata. Come quando si chiede: "Qual è il pugile più forte del mondo?" e tanti rispondono automaticamente "Mike Tyson".

Proprio per questo motivo, su certi titoli abbiamo drizzato le antenne. Per esempio, *Teorema* di Ferradini. No, non è disperata: alla fine arriva l'amico che gli dice che non è d'accordo, e gli dice che lei se n'è andata in cerca di un altro sfilatino – ma "una donna è già in cerca di te", sicché, perché lagnarsi? Oppure, *Anima mia* dei Cugini di Campagna, che ha perso ogni credibilità di brano scoraggiante da quando Fazio le ha dato il titolo e il clou di una trasmissione imperniata sul buonumore, falsandone il falsetto.

E accanto a queste e altre canzoni citate con troppa precipitazione, ci veniva fatto il nome fatidico. Il nome che, come diceva la pubblicità di un lassativo alla prugna, basta la parola.

Marco Masini.

Volevamo resistere. Volevamo dimostrare che quelle su Marco sono solo malignità, come ha detto lui quando si è momentaneamente ritirato dalle scene (ma era solo per fare scena). Ci siamo infilati in lunghe discussioni coi suoi occasionali detrattori per dimostrare che *Disperato* è un pezzo pop-rock di rara potenza, che *Vaffanculo* è una reazione vigorosa e coraggiosa nonché un'autoanalisi feroce (l'ultimo vaffanculo della canzone, Masini lo dice a se stesso, esempio che altri cantanti dovrebbero imitare). Che *Perché lo fai* e *Principessa*, tipiche canzoni-problema, erano superate nei rispettivi campi dalle ben più dilanianti *Silvia lo sai* e *Mary*. Che *Ci vorrebbe il mare* non è abbastanza conosciuta e *T'innamorerai* è firmata da Giancarlo Bigazzi e Beppe Dati, che veneriamo come veneri.

... Però, gente. *Bella stronza*.

Che ha distrutto tutti i sogni della donna che ha tradito. Che gli ha fatto fare a pugni con il suo migliore amico.

E che ora, mentre lui va a fondo, gli dice sorridendo: "Ne ho abbastanza".

Eh, sì. Spettacolo puro.

Il fiorentino Giancarlo Bigazzi è meno noto di Mogol, ma avrebbe titoli per sfidarlo per la cintura di Paroliere Maximo. Sono sue *Luglio* di Riccardo Del Turco, *Lisa dagli occhi blu* di Mario Tessuto, *Rose rosse* di Massimo Ranieri, *Montagne verdi* di Marcella, *Ti amo* e *Gloria* di Umberto Tozzi, *Self Control* e *Cosa resterà degli anni '80* di Raf. Se aggiungete il fatto che ha fatto fisicamente parte del gruppo goliardone chiamato Squallor (yup, quelli di *Arrapaho*), avete il quadro: Bigazzi sa quello che gli italiani vogliono sentirsi dire (e da chi vogliono sentirselo dire, è il caso di aggiungere).

Quindi, superiamo le nostre pregiudiziali antipregiudiziali, e superiamo anche una realtà incontestabile. L'ascolto di *Bella stronza* è suscettibile di un paio di momenti di puro sganascio: "Perché non scappiamo insieme, non lo senti questo mondo come puzza?", un verso che non è nemmeno quel brutto che diventa kitsch, chic, cric, speck. E poi, il fragoroso "se Dio ti ha fatto bella come un ramo di ciliegio tu non puoi amare un tarlo: tu commetti un sacrilegio". Straordinario: bella come un ramo di ciliegio.

Le ha dato del tocco di legno.

E anche se la cosa si fa preoccupante, quando il narratore minimizza: "Hai chiamato la volante quella notte, e volevi farmi mettere in manette, solo perché avevo perso la pazienza...", è evidente che ci troviamo nell'area del grande intrattenimento.

Con questo, non vogliamo suggerire una lettura ironica di questa composizione. Ah, non sia mai. *Bella stronza* infatti va a stanare una componente di ombrosa disperazione presente nell'animo umano. Cerchiamo di capire chi è il rivale in amore: quello che il testo indica, come abbiamo visto, come Tarlo. Così dice Marco: "Bella stronza, che ti fai vedere in giro per alberghi e ristoranti con il culo sul Ferrari di quell'essere arrogante" (aha!) "e ogni volta che ti spogli, non lo senti il freddo dentro? Quando lui ti paga i conti non lo senti l'imbarazzo?" (mmmh. Forse sì. Ma forse anche no. Okay, buona la seconda). "Non lo sai che i miliardari anche ai loro sentimenti danno un prezzo... il disprezzo."

Aaaah, ci siamo arrivati. Tarlo ha la pilla, le svanziche, i conquibus, le palanche, la fresca. Il nostro amico invece ha solo amore. E pare evidente che, al ballottaggio, l'amore è arrivato secondo. Accipicchia, dice lui, "forse io ti ho dato troppo amore, bella stronza che sorridi di rancore". Ehi, lei continua a ridergli in faccia. Veramente una... Una cosa?

Eccoci qui.

DIAGNOSI

Se questa non è una canzone per misogini, Pupo è un virtuoso. Questo brano, come un buon whisky, va a vellicare il palato di tutti gli uomini che hanno solennemente affermato almeno una volta nella loro vita: "Le donne sono tutte zoccole". Si tratta, spiace dirlo, del 90% degli uomini – il 50% dei quali ha rilasciato tale dichiarazione in stato di ubriachezza (molesta. Di qui, il whisky di prima). Machismo ferito, delirante e allucinatorio: il ramificato si convince che il rivale in amore, che vorrebbe sfidare anche dal punto di vista sessuale ("mi verrebbe di strapparti quei vestiti da puttana e tenerti a gambe aperte *finché viene domattina*". Come dire: in Viagra we trust), lo superi solo dal punto di vista economico. Già il fatto che le paghi il conto, mentre lui divideva alla romana, lo fa impazzire. E addirittura si persuade che "quell'essere arrogante" abbia una Ferrari – mentre in realtà è una Renault Clio.

TERAPIA

La misoginia è una vecchia amica della psicanalisi, che non ne è mai stata troppo turbata, essendone essa stessa salamoiata. La tragedia greca (e anche i Pink Floyd in *The Wall*) propone, come causa, la figura materna. Anzi, il fantasma della figura materna. Anzi, il fantasma della madre castratrice. Quindi, prima di fare i maschioni sprezzanti, pensateci bene: forse dovete solo smetterla di menarvela con la mamma, rompere il cordone ombelicale che vi strangola per allontanarvi e vivere la vostra sconclusionata vita senza un rapporto ossessivo con l'altro sesso. Andate in vacanza in una località lontana e da lì spedite alla genitrice una di quelle scicchissime cartoline con donne nude. E scriveteci una frase di Jovanotti: "Ciao mamma, guarda come mi diverto".

Loredana Bertè
Enrico Ruggeri
IL MARE D'INVERNO

"Quando mi sono seduto al pianoforte e ho
scritto il primo verso,
ho capito che davanti a me si spalancava
una voragine."

Enrico Ruggeri

Il senso di voragine di Ruggeri, autore di *Il mare d'inverno*, dev'essere più o meno quello che ha provato Leopardi nell'intuire il potenziale angoscioso della *Sera del dì di festa*, quando lo spasso è finito, la caducità delle umane cose emerge imperiosa e ognuno di noi è in fin dei conti solo e insomma, per farla breve, son cavoli amari.

Aneddoti utili: Ruggeri passa le estati degli anni settanta a Marotta, tra Fano e Senigallia. Da quelle parti, se avete presente, ogni tanto anche d'estate il mare pare un film in bianco e nero visto alla tv. Però scrive il pezzo a Milano, in un pomeriggio (di sole) in cui riceve un due di picche da una fanciulla; lo stesso pomeriggio scrive anche *Nuovo swing*, una canzone apparentemente giuliva, ma basata su un incedere ritmico pressoché sovrapponibile a quello del *Mare d'inverno*. Sottopone il brano a Ivano Fossati, che lo gira a Loredana Berté, che lo pubblica nel settembre del 1983. Facile. I Righeira due anni dopo affermarono: *L'estate sta finendo* già nel mese di maggio, andando immancabilmente a vincere il Festivalbar (brillante capitalizzazione del principio leopardiano già accennato). In ogni caso, poco dopo, Ruggeri incise una propria, più asciutta versione della canzone. Ecco, qui sta il punto cruciale.

Se vi piace la versione della Berté, siete quasi certamente femmine, e il passaggio che vi causa gli stranguglioni è: "Qui non viene mai nessuno a trascinarmi via" – seguito a poca distanza da "discoteche illuminate piene di bugie". L'interpretazione della Berté è gridata e tipicamente rivendicativa. Sottintende: "Qui non viene nessuno perché nessuno mi capisce, nessuno si aspetta che io, popstar nonché bella topolona che si fa fotografare nuda per le copertine dei suoi dischi, me ne stia qui invece che a fare la bella vita". ... Okay, diciamo che alla femmina italiana media può bastare il "nessuno mi capisce". Peraltro, se come la Berté siete una bella topolona, non è che dobbiate aspettare molto: prima o poi passerà un famoso tennista a trascinarvi via. Quando poi tutto finirà in catastrofe, vi lamenterete di quella sera in discoteca e delle relative bugie. Che in realtà non erano affatto bugie: semplicemente, lui parlava in svedese.

Se vi piace l'interpretazione di Ruggeri, invece, è un altro paio di maniche. Perché se la Berté ringhia rabbiosa, Ruggeri mormora come uno sfigato. In effetti, curiosamente non lo è. Anzi, è sempre stato circondato da belle topolone anche lui, quasi quanto De Michelis – ma non perdiamoci in dettagli. Ruggeri canta la canzone esattamente come va cantata, come la canterebbe un giovane secchione il cui lamento non è, come nel caso della Berté, "Nessuno è alla mia altezza", quanto un più amaro: "Nessuno mi vuole". Il protagonista è evitato come la scabbia perché "è poco moderno", grigio, palloso, e quando vede gli altri divertirsi e cantare i tormentoni ("una musica banale si diffonderà"), se ne va immusonito, bisbigliando *Odio l'estate* di Bruno Martino, in attesa di una stagione in cui l'ambiente circostante gli somiglierà maggiormente (stratagemma letterario sempre efficace, da *Cime tempestose* in giù).

In definitiva, se vi piace l'interpretazione di Ruggeri, siete probabilmente maschi, vi considerate di spessore superiore alla media, e andate in bianco da un bel po'. E quando decidete di tuffarvi in qualcosa, vi tuffate perplessi (mentre gli stolidi giovinastri attorno a voi si lanciano con rincorsa. Spruzzandovi senza ritegno).

DIAGNOSI

Trattasi di disturbo affettivo stagionale (Sad) caratterizzato dal ripresentarsi implacabile di episodi di depressione, sempre nello stesso periodo dell'anno, per una durata variabile fra i tre (per il Sad estivo, che si manifesta fra marzo/giugno e agosto/settembre) e i cinque mesi (per il Sad invernale, che si manifesta fra ottobre/novembre e marzo/aprile).

Sonno e apatia, stanchezza cronica del tutto immotivata, aumento dell'appetito ("io rimango qui solo a cercare un caffè") e del peso (destino comune a Ruggeri & Berté), impotenza e disperazione, sensi di colpa. Senso di spreco della propria vita. Probabilmente giustificato.

TERAPIA

Per guarire dalla sindrome del *Mare d'inverno* bisogna andare in spiaggia d'estate, mettersi la crema al cocco, leggere *Eva Tremila,* vestirsi come un coatto totale (maglietta Brasil o De Puta Madre) – ma soprattutto, imparare a memoria *Un'estate al mare* di Giuni Russo.

Francesco De Gregori
LA DONNA CANNONE

"Ora i tempi si sa che cambiano,
passano e tornano tristezza e amore.
Da qualche parte c'è una casa più calda.
Sicuramente esiste un uomo migliore."
Francesco De Gregori

Quando eravamo piccoli i bambini più dispettosi usavano una filastrocca – ohibò, piuttosto stupida – per prendere in giro i compagni di classe cicciottelli. La filastrocca faceva così: "Ciccio-bomba, canno-niere", decine e decine di volte, finché il grassone di turno non scoppiava in lacrime.

È nello stesso clima di tristezza – e con una curiosa affinità sonora dovuta all'introduzione pianistica di Mimmo Locasciulli – che si colloca la vicenda di quella cicciobomba della donna cannoniera. Che prende spunto da un fatto di cronaca. Siamo nel 1983, e un giornale titola: "La donna cannone è scappata dal circo". Una signora sovrappeso cui la roulotte stava ormai stretta – in tutti i sensi – e che aveva deciso di compiere il grande passo: abbandonare lustrini e paillettes ed entrare nel mondo reale per inseguire una storia d'amore. Speriamo che le sia andata come voleva.

Ma crediamo di no.

Nonostante nella storia siano esistiti ciccioni allegri – il Buddha, Ollio di Stanlio, Cico l'amico di Zagor, Max Pezzali – la donna cannone non appartiene a questa categoria, altrimenti non avrebbe attirato l'interesse di De Gregori, che è pur sempre uno che in gioventù ha scritto: "Conoscete per caso una ragazza di Roma la cui faccia ricorda il crollo di una diga?". Aggiungete lo scenario desolato e sempre disastrosamente felliniano del circo, ma soprattutto l'aspettativa d'amore destinata – non prendiamoci in giro – a essere delusa, anche perché la donna cannone le spara grosse: "Il mio nome scintillerà, dalle porte della notte il giorno si bloccherà, un applauso del pubblico pagante lo sottolineerà". Il fatto è che il pubblico pagante, se proprio deve scegliere, andrà ad applaudire ai concerti di De Gregori anche se dal vivo canta come un alpaca, mentre la donna cannone al massimo finirà seduta davanti ai gabinetti di un autogrill (a proposito, voi quanto lasciate nel piattino? Ma poi, perché non gli dà uno stipendio decente Benetton, ai poveretti che puliscono i suoi cessi? Non gli bastano i soldi dell'autostrada? O ha paura che non gli paghiamo la Rustichella? Benetton: ma vai in mona, va').

Bene. Detto questo, il ritornello: "E con le mani amore, per le mani ti prenderò e senza dire parole, nel mio cuore ti porterò e non avrò paura, se non sarò bella come dici tu ma voleremo in cielo in carne ed ossa, non torneremo più". È chiaro per tutti che il lui della canzone s'è dato. A gambe, per non essere schiacciato dall'irruenza emotiva e fisica della cicciona, con il suo carico di illusioni, le sue immense aspettative, le sue dita che paiono Negronetti. Tenete conto che la canzone viene scritta in un'epoca pre-chirurgia plastica, pre-chiusura delle budella, e tutto sommato anche pre-palestre. Insomma, in un momento storico in cui c'è speranza per "i maligni e i superbi", ma non per la donna fisicamente deforme, la cui colpa appare senza possibile redenzione. L'ultima strofa toglie ogni dubbio. "Quell'enorme mistero volò tutta sola verso un cielo nero" (dell'azzurro, come vedete, non c'è più traccia), "tutti chiusero gli occhi nell'attimo esatto in cui sparì, altri giurarono e spergiurarono che non erano mai stati lì". Proprio come l'apostolo Pietro, tutti a negare di averla conosciuta, tutti a tradire la memoria della martire cicciona ascesa – finalmente – al cielo.

DIAGNOSI

Questa canzone è generalmente il grido di battaglia di tutte le persone che soffrono di complessi legati al proprio aspetto fisico, tra i quali spiccano i disturbi legati all'alimentazione. Bulimia, certo, oppure "semplice" obesità. Dicono le statistiche che nove italiani su cento sono obesi, e quasi trenta sovrappeso; il problema è che non si nasce ciccioni, lo si diventa: quella del "sono fatto così di costituzione" è una bufala, a sua volta bella grassa. Ma come abbiamo visto già nel caso della canzoncina di Cicciobomba, martirizzare chi è sovrappeso è attitudine consolidata e fondante della nostra cultura, quindi scegliete: preferite continuare a subire le nostre giocose crudeltà o intendete minare le basi del nostro pensiero, favorendo in fin dei conti Bin Laden?

TERAPIA

È evidente che De Gregori non è la colonna sonora ideale per i vostri generosi tentativi di fare aerobica o spin byke. Procuratevi invece questa canzone:

"Testa spalla baby one, two, three.

Testa spalla baby one, two, three.

Collo collo baby one, two, three.

Collo collo, testa spalla baby one, two, three. Spingi fianchi baby one, two, three. Spingi fianchi baby one, two, three".

Arrivati a "tacco punta, happy boogie, spingi fianchi, collo collo, testa spalla baby" avrete perso one, two, three chili – facendo questo balletto una volta al giorno, tempo un mese sarete leggeri come Don Lurio, che la cantava.

Roberto Vecchioni
LUCI A SAN SIRO

> "Tutte le parole scritte dagli uomini
> sono forsennato amore non corrisposto."
> Roberto Vecchioni

"La letterarietà della canzone d'autore è polimorfa e fin troppo legata ad apparenti antinomie", ha scritto Roberto Vecchioni in uno dei suoi innumerevoli saggi, quelli dove con una mano semina semantica e con l'altra impugna minaccioso il triangolo di Ogden (significante-oggetto-concetto), affinché il mondo (e le sovvenzioni ministeriali) riconoscano una volta per tutte che perdiana, NON sono solo canzonette, tant'è che i suoi pezzi, da bravo Professore, li intitola come lezioni: *Alighieri, Aiace, Arthur Rimbaud, Vincent* (Van Gogh), *Waterloo*, e via dicendo. Piuttosto polimorfo è anche uno degli elementi fondamentali di *Luci a San Siro*, ovvero lo sfogo contro il bieco mondo della musica, che gli chiede di scrivere "di sesso, di coiti anali". Questo recita infatti il testo originale della prima versione, in seguito ammorbidito in: "Parli di sesso, prostituzione..." e poi nell'ancora più cauto "parli di donne da buoncostume". Il discografico tratteggiato dalla prima strofa garantisce: "Di questo han voglia, se non l'ha capito già". *Essi,* quelli che han voglia di sentirsi raccontare di coiti anali, saremmo noi, il pubblico.

Ora, il 1971 è lontano, ma in tutta onestà ci sentiamo di affermare che coiti anali e prostituzione, per quanto abbiano sempre goduto (come si suol dire) di una certa considerazione, non fossero all'epoca l'argomento più popolare. Hit parade alla mano, il pubblico del 1971 descritto da Vecchioni come zozzone e bavoso decretò viceversa il successo dei seguenti 45 giri:

n.1 *Pensieri e parole* di Battisti,

n.2 *Amor mio* di Mina,

n.3 *Love story,* dallo straziante film.

Insomma, parrebbe un pubblico di romanticoni con qualche concessione "civile": *La ballata di Sacco e Vanzetti* di Joan Baez è il sesto disco più venduto dell'anno, *La riva bianca la riva nera* della Zanicchi (per la quale Vecchioni scriveva) è l'ottavo. Nella top 20 annuale c'è anche Vecchioni medesimo: *Donna Felicità,* scritta per i Nuovi Angeli, giunta a un lusinghiero n.18. Se proprio si vuole andare a cercare un po' di perversione, si trova al n.14 *Era il tempo delle more* di Mino Reitano (uh, che depravazione). Nonostante ciò, Vecchioni, che della canzone italiana ha scritto persino sulla Treccani, garantisce che il pubblico così come i discografici non apprezzavano la letterarietà di certi suoi pezzi. Siccome si parla del 1971, forse si riferiva a *Uakadì uakadù* (per i Nuovi Angeli) o *Inter spaziale* (per il calciatore nerazzurro Mario Bertini. E non vediamo l'ora di sapere se Vecchioni è stato costretto a scrivere un inno per l'Inter con una pistola alla tempia). In ogni caso, tanto per fare gli schifosi fino in fondo, facciamo notare che Vecchioni non era costretto a vendere canzoni per mangiare, essendo già allora assistente alla Cattolica, dotato di un impiego per il quale speriamo fosse dignitosamente remunerato.

A ogni buon conto, il tema della prostituzione artistica è cruciale, e non solo perché Vecchioni ci tornerà in altre canzoni (magari rinfacciandola ai colleghi, come farà Guccini con la sua *Avvelenata*). Ma perché ha indotto molti a pensare che *tutta la canzone* riguardi la prostituzione: l'area di San Siro, a Milano, è sempre stata una roccaforte delle professioniste dell'amore, e la frase "che c'è di strano, siamo stati tutti là" pare un ammicco alla clientela maschile che ivi si recava, sperando che la buoncostume non si palesasse. Invece, l'unica prostituzione in atto è quella del Professore – però non è colpa sua, lo han "messo in mezzo". Il fatto è che lui, porca pupazza, oltre che polimorfo è buono e non sa dire di no. E del resto più lui abbassa il capo, più gli altri dicono "sì" (mmh, altra metafora sessuale?).

Ma invece di piantarla di angustiare l'uditorio come fanno quei professori di liceo convinti che "una volta era meglio", si avvinghia alla nostalgia e non la molla. Darsi una mossa, smettere di piangersi addosso, riprendersi la dignità? Ma no, singhiozza, "stavo scherzando!": meglio vagheggiare i suoi 20 anni, la sua Seicento (che nei dintorni di San Siro gli hanno probabilmente zanzato) e una ragazza "che non ha mai capito". Che lui portava nella nebbia, nel freddo, "nel buio e sull'erba morta". Complimenti, Prof, gran corteggiatore. Mai pensato a un pezzo intitolato "Pacciani"?

DIAGNOSI

È interessante che il momento strappacore del pezzo sia: "Scrivi Vecchioni, scrivi canzoni", nel quale il Professore si rivolge non all'umanità ma a se stesso – d'altra parte, se Vecchioni entrasse in un negozio di specchi, li comprerebbe tutti. Tuttavia il sentimento dominante di *Luci a San Siro* è la nostalgia per un passato di purezza e felicità che probabilmente è pura invenzione, come spesso capita ai professori di liceo quando, ogni anno, affermano che "con le classi degli anni scorsi si poteva lavorare, mentre ai ragazzi di oggi non interessa niente". La nostalgia, in ogni caso, non è una cosa grave, anche se spesso è legata a sensi di colpa – comunque Vecchioni non pare averne troppi, e qualche anno dopo, in *Il tuo culo ed il tuo cuore*, spiegherà che ci son notti che starebbe a guardare il primo dei due soggetti "per ore ed ore ed ore", quindi forse è diventato anche meno integralista anche sugli argomenti delle canzoni.

Alla fine, un dubbio è legittimo: che la ragazza di cui non si ricorda benissimo (aveva un fiore? Non l'aveva?) sia una metafora di qualcosa che nel 1971 era a San Siro a dare felicità, ma che poi tanti hanno perso di vista... l'Inter, che proprio in quell'anno ha vinto uno dei suoi scudetti più recenti. È una nostalgia clinicamente critica, ma coraggio, Prof: forse quest'anno passerà.

TERAPIA

I nostalgici del passato possono trovare conforto nell'ascolto di alcuni brani che l'Italia produsse per l'esaltazione dello sforzo bellico: nobili canzoni dedicate alla guerra e a quei drammatici eventi. Alcuni esempi: "Il Piave mormorava calmo e placido al passaggio dei primi fanti il ventiquattro maggio". Oppure: "Fischia il vento e infuria la bufera, scarpe rotte eppur bisogna andar a conquistare la nostra primavera dove sorge il sol dell'avvenir". Ma anche, per i più porcaccioni (e qui torniamo al discorso sulla prostituzione): "Son morto nel Katanga, venivo da Lucera, avevo quarant'anni e la camicia nera. [...] Invano cercherete soldi nel tascapane, li ho spesi proprio tutti insieme alle puttane".

Alberto Fortis
LA SEDIA DI LILLÀ

> "Ho immaginato le torri gemelle come i due totem dell'amore,
> l'uomo e la donna, di conseguenza come una coppia simbolica,
> che ha il diritto e dovere di figliare e di assicurare alle generazioni future,
> comunque, una continuazione.
> Quindi in questo caso il sogno simboleggia la terapia eterna,
> che ci fa sempre crescere, che ha sempre stimolato il genere umano."
>
> Alberto Fortis

Non sarebbe azzardato ipotizzare che l'infanzia dei nati negli anni settanta sia stata profondamente turbata dalla voce nervosa, dalle parole oscure, e soprattutto dal micidiale falsetto di un ritornello: *iadiadiada, iadiadiada*. Si tratta dello *iadiadiada* che Fortis fa roteare attorno a sé così come Uma Thurman rotea lo spadone in *Kill Bill*. Se i trenta/quarantenni di oggi si sono formati musicalmente sulle sigle dei cartoni animati, uno dei motivi è che durante la loro infanzia la tv era da preferirsi di gran lunga alla radio, nella quale era in agguato *La sedia di lillà*. All'epoca c'era una sola radio e una sola tv nazionale (la Rai). Tutto il resto era "locale": sicché le radio del nord potevano tranquillamente mandare i pezzi che avevano portato alla ribalta Fortis, ovvero quelli contenenti i suoi vispi apprezzamenti sulla capitale (beh, non solo le radio settentrionali. Anche a Frosinone *Vi odio voi romani* di Fortis era piuttosto popolare). Ma la Rai era in imbarazzo: l'album del cantautore piemontese era in hit parade, e andava trasmesso. Perciò, per lunghe settimane, che diventarono lunghi mesi, l'azienda di Stato scelse – con buonsenso democristiano – di fornire al Paese dosi massicce del pezzo dolente (parentesi benevola: Fortis ha scritto alcune canzoni belline assai, rimaste ingiustamente nel cono d'ombra del suo primo dirompente album. È un peccato, ad esempio, che invece di essere considerato l'autore di *Settembre*, sia tuttora bollato come "quello che odia i romani". Ma ancora più grave è che per mostrarne la consistenza artistica a fronte delle canzoni poco ossequiose nei confronti dell'Urbe, si citi *La sedia di lillà*).

Uno degli aspetti più singolari della canzone è che è quasi incantabile, eccetto l'efferato *iadiadiada*. Memorizzare "la piaga sulla bocca", le labbra stracciate, il sapore "di stagione amara" (... prego?), le "rughe di cemento" solcate di rosso. Un rosso, si badi, "prontamente diluito da una goccia molto chiara". Su questa goccia si potrebbe dibattere un po': chissà se è un'allusione farmaceutica. Sì, lo sappiamo, è fastidioso stare qui a pesare le parole col bilancino come se fossimo opinionisti a Sanremo – ma la verità è che durante l'ascolto ci si aggrappa a qualunque elucubrazione pur di non pensare al prossimo, incombente *iadiadiada*.

Però, consapevole del regime di terrore instaurato nella prima parte della canzone, per la seconda Fortis cambia registro, e dal descrittivo passa al dialettico. In pratica: l'uomo dalle rughe di cemento (... Keith Richards?) cerca di spiegarsi. E qui Fortis, Iddio lo benedica, avverte esplicitamente che quanto stiamo per ascoltare è delirio (non vorremmo essere troppo crudi, ma ci eravamo formati tale opinione anche a proposito delle strofe precedenti). Dalle labbra stracciate escono strali contraddittori seguiti da quello che sembra il più classico carpe diem: "Vivi sempre nel momento, cogli il giorno e tanto amore, cogli i fiori di lillà". Fortis ci crede, va a cogliere gli stupidi fiori, torna per portarli al tizio, ma questi ha colto l'attimo fuggente e si è impiccato (pur di non sentire più *iadiadiada*, è lecito supporre). Per aggiungere pathos al tutto, immaginate Fortis lì in piedi con i lillà in mano, mentre lo riempiono di balle: gli dicono di non preoccuparsi, Rughedicemento è andato "a passeggiare" – mentre la realtà è che quella sedia, piena di dannati lillà, gli fa schifo, piuttosto preferisce appendersi al soffitto.

Sui lillà, bisogna riconoscerlo, Rughedicemento – Dio l'abbia in gloria – ha un atteggiamento ambivalente e schizoide, ma tant'è: il nostro paziente non è lui, bensì chi ama sprofondarsi in questa canzone. Cosa lo attrae? Una facile ipotesi è: l'argomento gramo. Perché se vogliamo seguire l'interpretazione più diffusa, la sedia in questione è una sedia a rotelle, e siamo quindi di fronte a una gramissima accoppiata menomazione-suicidio (manca giusto un'orfanella che muore di freddo la vigilia di Natale. Tentando ovviamente di vendere mazzetti di lillà).

DIAGNOSI

Normalmente, tra gli estimatori del brano a contenuto gramo, possiamo individuare due correnti di pensiero. La prima è piuttosto lineare:

"Mi commuovo per questa canzone perché essa suona assai triste, e commuovendomi confermo di essere una persona assai sensibile".

La seconda contiene un interessante riconoscimento di un meccanismo (predatorio) piuttosto diffuso nel mondo della canzone:

"Mi commuovo per questa canzone perché ha l'aria di essere stata scritta per una persona che l'autore ha realmente conosciuto, e anche se non si capisce bene cosa è successo, c'è della sofferenza vera, mica le solite balle che raccontano i cantanti".

Ma nel caso della sedia di Fortis possiamo aggiungere un terzo automatismo stimolo-risposta:

"Mi commuovo per questa canzone per il ritornello *iadiadiada, iadiadiada*".

Il terzo percorso è quello autenticamente rimarchevole: pone alla nostra attenzione un ascoltatore masochista, e nessuno ha mai messo in rilievo quanto l'Italia ne sia piena (benché i maggiori network radiofonici ne siano perfettamente consapevoli, e ci ingrassino). Se avete un debole per *La sedia di lillà*, avete un lato pericoloso, che vi porta a provare un sottile piacere quando vi vengono inflitte sofferenze, e intimamente disapprovate che il protagonista abbia rinunciato ai fiori di Fortis, alla goccia molto chiara, al sapore di stagione amara (?) e soprattutto allo stridente *iadiadiada*.

TERAPIA

Per tutti i masochisti, e soprattutto le masochiste, terapia semplice quanto efficace: l'ascolto di *Nuda e senza seno*, un delizioso brano dello stesso Fortis. "E immaginarti nuda e senza seno mi fa morir dal ridere amor mio, e voglio fare un'insalata con quello che ti ho tagliato, mista a un po' del cuore mio, e immaginarti nuda e senza seno sapessi che delizia amore mio! E non ti impressionare per il sale, brucerà solo un pochino, ma nòn fa poi tanto male." Ahiuhauahiahiahiuh!

I Dik Dik SENZA LUCE

“Con l’avvento della Disco Music ci trovammo di colpo fuori mercato
e fummo costretti a sopravvivere facendo le piazze più periferiche e scadenti.
Piombammo nell’inferno della musica.”

Pietro Montalbetti

Prima di aprire il ristorante L’Isola di Wight a Buccinasco (Mi), i Dik Dik sono stati un importante gruppo musicale, arrivato alla fama nel periodo beat in modo atipico: anziché da capelloni, i nostri amici si vestivano da ragionieri. Anzi – essendo d’area milanese – da *ragiunàtt*. *Senza luce* è uno dei loro brani più famosi e più vecchi: è uscito nel ’67 e quindi ha già contribuito a deprimere almeno un paio di generazioni. In realtà la canzone è la cover di un pezzo dei Procol Harum, *A Whiter Shade of Pale*, che era già stato al top delle nostre classifiche. La versione italiana riuscì comunque a piazzarsi al terzo posto nelle hit – forse la gente si era dimenticata di averlo già sentito. Oppure voleva sentirlo due volte, il che è più allarmante.

Il testo è opera dell’onnipresente, onnipotente, onnisciente Mogol. Con l’originale ha poco a che vedere, ed è per questo motivo che abbiamo deciso di fare uno strappo alla regola e includere in questa antolamentologia un pezzo non strettamente italiano. L'originale inglese, il cui titolo è traducibile con "una sfumatura di pallido più bianca", parla di una misteriosa sirena, di Nettuno, di un gruppo di sedici vergini vestali. Se avete visto il film *The Commitments*, ricorderete una scena in cui ci si domanda cosa diavolo significhino, queste sedici vergini. Incidentalmente, ci siamo ritrovati a chiederlo a Gary Broker dei Procol Harum, che la canta da quasi quarant'anni, e che ci ha detto: "Ci trovo sempre un che di indecifrabile. Se risolvessi il mistero, forse le cose cambierebbero, ma non ci sono ancora riuscito".

Mogol cercò di raccogliere la sfida. Nel suo testo spariscono le vergini (peccato) e c'è un rimbambito che sta da solo in un bar. Come dice il titolo, han spento la luce – e probabilmente tirato su le sedie e cominciato a spazzare per terra. Evidentemente il protagonista ha bevuto troppo, perché "si sente il mal di mare". Anziché passare a un buon analcolico biondo, in un impulso autodistruttivo prega il cameriere di non portar via il bicchiere ("È mio", dice. Forse se l'è portato da casa) e di lasciarlo stare: "Camminare io so", tiene a precisare. Poi esce nella notte e ha una visione: "Sono solo nella strada, o no no, qualcuno c'è". È una donna la cui identità è incerta – ma abbiamo qualche sospetto sulla sua professione. Inizialmente il protagonista la respinge, continuando a idealizzare la femmina che gli ha dato il suo ultimo due di picche: "Tu non le somigli molto, non sei come lei". Poi, come molti uomini, comincia a pensare che le donne sono tutte uguali: "Prendi la mia mano e cammina insieme a me. Il tuo viso adesso è bello, tu sei bella come lei".

Intanto, l'organo sparge un senso di sacrestia, suonando qualcosa di simile alla *Suite n.3 in do maggiore* di Bach: un brano ottimo per un funerale, ma che sappiamo usatissimo anche per le nozze (e del resto, funerale, matrimonio: una faccia, una razza). Il nostro sbevazzone malfermo comincia a sentirsi Santo Bevitore, vede "tanto spazio attorno a sé" (Gesù nel deserto), e nella parte finale del testo tende la mano alla donna "sulla strada" così come Gesù accoglie a sé la peccatrice redenta del *Vangelo* (Luca, 7,50), dicendole, dopo un pediluvio: "La tua fede ti ha salvato, va' in pace!". Che nella versione milanese dei Dik Dik suonerebbe: "La toa fed la t'ha salvada; và in pas!".

DIAGNOSI

Questo brano è una calamita per molte persone in crisi mistica latente. A partire dal titolo, *Senza luce*, in netto contrasto con l'insegnamento del *Vangelo* (sempre Luca, 8,16): "Nessuno accende una lampada e la copre con un vaso o la pone sotto un letto; la pone invece su un lampadario, perché chi entra veda la luce". In milanese spannometrico: "Nissun el pizza ona lampeda e la quatta cont on vas ò la metta sòtta on lett; la mett inveci su on lampedari, in manera che chi ven denter el veda la lus".

TERAPIA

Quando si è in crisi mistica ci si rivolge a un predicatore. E il predicatore della canzone italiana, nerovestito e dolente, è san Renato Zero da Fonopoli. Dal suo libro dei salmi, consigliamo di pescare *Pura luce* (da *La curva dell'angelo*, 2001): "Padri, figli in un solo colore, ogni paura ora è lontana. Dagli errori dell'umanità, apri gli occhi. Siamo pura Luce ormai". Pura lus.

Luca Carboni
SILVIA LO SAI

“Cosa vuoi fare da grande? TANTI GOL!”
Luca Carboni

Nel 1987 Luca Carboni racconta un amore tra adolescenti finito nella droga. Dovete sapere, amici, che gli anni ottanta, oggi archiviati come anni di tangenti, pettinature agghiaccianti e giacche con spallone imbottite, erano anche gli anni dell’ero, mica pasticche o gas butano, e la coca all’epoca era roba da ricchi. Bologna la Grassa pullulava di vita culturale e – come cantato da Guccini – era capace sì d’amore, ma anche di morte. Inoltre, essendo città universitaria per eccellenza, era piena di ragazzi in cerca di un eccellente sballo. Come il giovane chiamato – putacaso – Luca, che incontriamo quando è *cinno* (ragazzino). Luca indossa la maglia del Bologna “sette giorni su sette”, con buona pace della coetanea Silvia che è il suo filarino a dispetto dell’ascella tracotante. Il mondo del calcio è il riferimento primario per Luchino (“pochi passaggi, molti dribbling”. Un veneziano, si diceva una volta), che paragona Dio (“cattivo e noioso, preso andando a dottrina”) a un arbitro severo. Stando al narratore, amico sia di Luca che di Silvia, Luca spacca a pallonate un sacco di vetri, ma con estrema tenerezza. Perché tutto è teneroso in questa canzone: Bologna è financo profumata, e un incanto infantile ("dire fare baciare") continua ad aleggiare protettivo. Sì, c'è un senso di tenebrina incombente tra le righe, ma per il momento il terzetto Luca-Silvia-Amico di entrambi viene salvato da "certe canzoni" che escono dalla radio di Silvia. Il testo non specifica quali, però visto che Luca (Carboni) è del 1962, diciamo che è il 1975. E se è il 1975, la canzone che arremba dalle radio è *Piange il telefono*, biascicata da un malinconico Modugno! Vedete come tutto torna... Vabbè, se non è Modugno, dalla radio di Silvia esce perentoria *Profondo rosso* dei Goblin: Nanana nanana nanana nanananananau. Oppure Celentano, con *Yuppi du*, yuppi du, yuppi du, *yuppi du i du*, yuppi du.

(Come dicono tutti, gli anni settanta erano estremamente seri, impegnati e carichi di tensione.)

Andiamo al succo della storia. È passato del tempo, e il misterioso amico di Silvia e cantore della tenerezza nata tra Luca e lei, la incontra e balbetta: "Silvia lo sai, lo sai che Luca si buca ancora? Silvia chissà, chissà se a Luca ci pensi ancora". Sicché l'amore è finito e Luchino, tra dire fare e baciare, ha scelto: farsi. Come è potuto succedere? Forse, come spesso capita quando i giovani fanno minchiate, la colpa è degli adulti – i professori, che "non chiedevano mai se eravamo felici", i grandi da cui Luca prendeva tante botte "per dimostrarci che aveva coraggio". Tant'è; ma adesso "è a casa che sta MALE!".

DIAGNOSI

La canzone, inno di una generazione di adolescenti drogati e non, fa breccia non tanto perché parla del *terribilo flagello della throga*. Ma perché contrappone grandi speranze ("non dovevamo andare lontano?") e dura realtà, la dolce ala della giovinezza e l'amara pinna dell'età adulta, gioco di squadra (il calcio totale della nazionale olandese, finalista ai mondiali del '74 e del '78) e l'individualismo in cui Luchino finisce per cadere, tentando di dribblare la vita e finendo per perdere palla (... scusate, ci siamo fatti prendere la mano). L'epifenomeno droga simboleggia in generale il "guastarsi" dei giovani nel difficile passaggio della fragile adolescenza. Sì, la fragile adolescenza. Ne avrete sentito parlare, no?

TERAPIA

Grazie a Dio la soluzione è a portata di mano. La risposta sta nella canzone e nella storia del suo autore e interprete. Faccia un passo avanti chi non ha mai pensato che il "Luca" del brano non fosse lo stesso Carboni. Lui non ne ha mai parlato, ma in fin dei conti di nomi poteva sceglierne a migliaia, no? "Silvia lo sai, lo sai che Asdrubale si buca ancora". O voleva fare rima a tutti i costi, Lucabuca? In ogni caso l'ipotesi è plausibile, e se così fosse siamo lieti che tutto sia andato a finire bene. A quasi vent'anni di distanza il nostro uomo è in perfetta forma; anche un po' tortellone, veh. Certo, *Ci vuole un fisico bestiale* – e magari uno più gracilino di costituzione può avere qualche difficoltà a ripigliarsi. Ma con "tanto allenamento", si può stare "dritti contro il vento", sapete.

Luciano Ligabue
NON È TEMPO PER NOI

"Non mi piace parlare a nome di qualcun altro."

Luciano Ligabue

Lasciatecelo dire, includere un brano di Ligabue in questo volume è da parte nostra un atto di coraggio. Oltre che di Correggio. Ehm, okay, è una battuta raccapricciante, però cercate di capire: siamo qui nervosissimi e preoccupatissimi, per una serie di buoni motivi. Intanto, il cantautore in oggetto è buon amico dei signori Covalschi, nostri editori, che ci hanno già mandato messaggi inequivocabili (abbiamo trovato delle formiche in fondo al letto. Incazzate, anche). Ma quand'anche non fosse in amabili rapporti con la famiglia Covalschi, il cantautore correggino sarebbe comunque un soggetto da trattare con i guanti. Tanto per capirci, quando a settembre il Liga ha detto: "Se volete venirmi a trovare a casa vi suono qualche canzone", si è mossa una quantità di gente equivalente alla Grande Armée Napoleonica – e altrettanto leale nei confronti del leader: al concerto di Campovolo non si sentiva niente, ma (quasi) nessuno si è lamentato.

Tuttavia, è innegabile anche per i ligaioli più ferventi che la rockstar padana abbia il culto della sfiga. I suoi personaggi aprono bar che chiudono. Rimorchiano una tipa che poi li minaccia con una pistola. Vengono mollati dagli amici in una palude, perdono le parole, hanno spalle curve e vestiti umidi e, quando tornano a casa, la tipa sa di sesso – altrui (tra l'altro, l'odore è fortino: non va più via). Potremmo andare avanti a lungo, e lo sapete. Ma in fondo, non serve. Ligabue riassume la sontuosa desolazione dei protagonisti delle sue canzoni in un brano nel quale non solo ci presenta un festival di angustie, ma rilancia orgogliosamente: punching-ball è bello.

Ora, sarebbe sciocchino da parte nostra sottovalutare il fascino dei perdenti all'interno della tradizione del rock. Però se Hans Christian Andersen avesse letto un testo di Ligabue, avrebbe rimesso mano alla sua *Piccola Fiammiferaia* per intitolarla *L'Inqualificabile Gaudente*.

Certo, forse a darci quest'impressione è il fatto di essere dall'altra parte della barricata. *Non è tempo per noi* lo specifica: da una parte, ci sono quelli pieni di guai, con donne rassegnate. Gente che sbaglia a ripetizione, che si chiede: "È tutto qui? E la risposta è sempre: sì!". I NOI capeggiati dal Liga che sanno di essere fuori moda e fuori posto. Ingenui e testardi, poco furbi casomai. Dall'altra parte, invece, ci siete VOI. Gente che veste, ama, ride e piange in modo completamente diverso. E, si direbbe, è dotata di maggiore furbizia. Qui casca l'asino.

Personalmente fatichiamo a riconoscerci sia nei NOI che nei VOI. Sì, *certe notti* abbiamo accarezzato il sogno di essere furbini – ma ci hanno sgamati subito. Per contro, quando Liga canta "se per ogni sbaglio avessi mille lire, che vecchiaia che passerei", ci basta fare due conti per concludere che abbiamo sbagliato troppo poco. Anche senza interpellare il suo fiscalista, è palese che abbiamo sbagliato infinitamente meno del Liga. A dirla tutta, ci piacerebbe ritagliarci una posizione terzista, ma sarebbe una prova della nostra furbetteria – sufficiente ad arruolarci tra gli opportunisti rampanti, i VOI che si contrappongono a LORO, cioè i suoi NOI.

DIAGNOSI

Il momento chiave di *Non è tempo per noi* è la comparsa di un banjo che accompagna il ritornello. Strumento popolare e allegrotto per antonomasia, serve a sottolineare il compiacimento dei duri e puri della sfiga. "Abbiamo sogni però troppo grandi e belli" – quindi non diverranno realtà, alè! "Non è tempo per noi, e forse non lo sarà mai": urrà! Passeremo la vita a piagnucolare contenti perché Marlon Brando è sempre lui, la sinistra è sempre lei, e l'Inter pure. Perché il bar ha chiuso, perché dal finestrino entra un odore mefitico, perché la radio passa Neil Young (no, non un brano da *Rust Never Sleeps*, ma un pallosissimo pezzo da *Greendale*), perché "non è così liscia per noi che chiediamo che ora è". Vi rendete conto: insomma, manco a chiedere l'ora gli dice bene. Sicché, a voler essere tecnici, emerge un quadro di inibizione sociale, sensazione di inadeguatezza, ipersensibilità al giudizio altrui (Liga, non guardarci così: lo sai), timore di essere socialmente inetti, poco attraenti, inferiori agli altri. Riluttanti ad assumere rischi personali o ingaggiare nuove attività perché può essere imbarazzante, e comunque "serve un motivo, un motiiiivo". Ma a questi ingredienti base del disturbo evitante di personalità – ovvero la convinzione che è meglio giocare lontani dalla porta – stare schiacciati in un angolino perché noi siamo incudini e il mondo martello, Liga aggiunge inopinatamente uno sfondo masochistico: essere incudini dà soddisfazione. Quale sia, NOI vigliacchetti dall'altra parte della barricata non riusciamo a capirlo: ditecelo VOI.

TERAPIA

Visto che a questo punto Luciano (notate come pateticamente lo chiamiamo per nome sperando di imbonirlo) avrà già imbracciato il fucile, potremmo concludere con un mortaretto finale, prescrivendo come terapia un altro inno dei marginali, che contiene però un sottofondo di folle pericolosità, estraneo a *Non è tempo per noi*. Stiamo parlando di *Siamo solo noi* di Vasco. Però dicono che tra i due il rapporto sia un po' effervescente, ragion per cui finiamo con il consigliare

Con un deca, degli 883. Parte dalle stesse premesse miserande di vita provinciale, con tabaccai chiusi e femmine che dicono di no, ma verso la metà il brano comincia a pompare rabbiosamente e ha un guizzo propositivo decisivo: "Resta una soluzione: divi del rock". Che, sostanzialmente, è proprio quello che ha fatto Liga, solo che lui agli ascoltatori di *Non è tempo per noi* non lo dice. Forse spera che non se ne accorgano – del resto, impegnati come sono a compiangersi...

Nada, Rokes
MA CHE FREDDO FA

> "In alcune canzoni la sua voce si materializza come una frustata.
> In altre sembra nascere dagli abissi della malinconia.
> In altre ha il tono spudorato di uno sberleffo.
> In altre infine ha la dolcezza struggente di un disincanto."
>
> Vincenzo Mollica

Sono trentasei anni che Nada cerca di scrollarsi di dosso il freddo di *Ma che freddo fa.* Invano, e già questo è deprimente: con suo sommo dispetto, molti la ricordano ancora per il Sanremo in cui, appena quindicenne, presentò questa canzone. Il "pulcino di Gabbro", così battezzata in base al paese d'origine, era l'ultima degli "adolescenti d'oro" – come Morandi o la Pavone – prodotti negli anni sessanta dalla RCA. A quei tempi la discografia era ben lontana dalla crisi: *Ma che freddo fa* vendette circa un milione di copie tra Italia e Spagna.

La musica: orchestra, con una batteria che ricorda un po' *Paint it black* degli Stones, e, soprattutto, il vocione di Nada.

Il testo: siamo in inverno, il sole è stanco e "a letto presto se ne va". Scende la notte sulla povera Nada, "ma che freddo fa, ma che freddo fa". E dire che per un cuore di ragazza come il suo, basterebbe una carezza. Ma le carezze proprio quando servono, un po' come i vigili, non si trovano mai ("carezze, carezze... forse le ho infilate per sbaglio in mezzo ai maglioni del cambio stagione, assieme all'antitarme", "e allora valle a tirar giù tu dall'armadio, se hai voglia". "Te l'avevo detto, io, di lasciarle fuori", "Hai sempre ragione tu, vero?").

Così la giovane Nada, come "una farfalla che sui fiori non vola più", soffre e se la prende con il vero colpevole: "tu ragazzo* m'hai delusa", gli urla: "Hai rubato dal mio viso quel sorriso che non tornerà". Siamo in un'epoca, è bene ricordarlo, in cui gli attuali sbiancanti naturali per denti non sono che un'utopia, una tra le tante di quel periodo.

Il freddo della canzone, in realtà, nasce come angoscia esistenziale e *diventa* condizione atmosferica; il dolore per la perdita dell'amore provoca fenomeni di alta pressione non isolati: "S'alza il vento, un vento freddo", ed è tutta colpa di lui, del ragazzo*, che per quello che riguarda i cambiamenti climatici ha più responsabilità di Bush e del mancato rispetto dei protocolli di Kyoto.

Lungi dal mostrare buona volontà, promuovendo le auto a idrogeno e l'energia eolica, il ragazzo* della canzone rema contro; nonostante Nada vada a cercarlo ("ma questa vita cos'è se manchi tu") se ne resta lì, impassibile* distante*, e freddo**.

* Questa parola può essere sostituita da "bastardo".

** Ecco perché a volte si dice "fa un freddo bastardo".

La parte femminile degli autori di questo libro si domanda cosa li abbiano inventati a fare, i ragazzi*, e più in generale gli uomini*. E arriva a dire che, salvo svolgere la funzione di fuco fecondatore, parlando in generale, il maschio* pare davvero avere poche qualità. Altrimenti, perché far soffrire un pulcino di Gabbro come Nada? E dopo di lei, è facile prevedere, tutte le altre donne del mondo? Perché non decidersi a spendere due lire e tenere accesa quella maledetta stufetta elettrica? ("Ma sai quanto consuma?" "Sì ma quando si esce dalla doccia si congela." "Sei tu che sei freddolosa." "No, sei tu che hai le scalmane." "Quelle sono roba da donne!" "No, sono da maschi* rincoglioniti come te.") Non c'è verso: il signorino* – insomma, il coso*, cioè, l'uomo* – fa il prezioso. Fondamentalmente, non ci ama. Cioè, non la ama, ma è come se fossimo noi. E giù Nada a piangere, e noi tutte, anche noi pulcine, con lei.

DIAGNOSI

L'efficacia di una canzone come questa, anche a quarant'anni circa di distanza, è legata alla portata universale e atemporale dei temi trattati. La sindrome abbandonica al femminile è problema grave e più diffuso di quanto si creda. Nonostante gli sforzi fatti per contrastarla, dei maschi* le donne hanno ancora biso-

* Questa parola può essere sostituita da "bastardo".

gno. Se non per andare a caccia, quanto meno per riprodursi.

Lasciando perdere le differenze di genere, l'essere umano è uno degli esseri viventi meno autonomi e indipendenti, e se abbandonato soffre molto. La prima separazione da sopportare è quella dalla madre; per farvi fronte il bambino, quando non vede più la madre, impara a sentirla dentro, cioè la interiorizza. Per questo motivo si perde un oggetto e lo si ritrova in un gioco continuo e ripetuto: per addestrarsi a sopportare l'assenza materna, fantasticando, parlando, crescendo. Questa separazione, tanto decisiva per la costruzione del carattere, è ben rappresentata da Freud (1920, *Al di là del principio del piacere*), quando descrive il comportamento di un bimbo di diciotto mesi che getta lontano un rocchetto legato ad un filo, per poi farlo riapparire a suo piacimento tirando lo spago. Voi lo giudicherete un piccolo stordito, invece sta costruendo il proprio carattere di uomo*.

TERAPIA

Per combattere con efficacia la sindrome da abbandono c'è una sola cosa da fare: legare a un filo – o meglio, a una fune – il proprio innamorato, tenendolo per la caviglia. Poi chiuderlo in casa. Per citare ancora una volta la già citata ex adolescente Rita Pavone, fargli

* Questa parola può essere sostituita da "bastardo".

ascoltare ossessivamente “datemi un martello. Che cosa ne vuoi fare? Lo voglio dare in testa a chi non mi va”, così prende paura. Usare l’innamorato a proprio piacimento, come fa il bambino con il rocchetto. Se ci si stufa, gonfiare l’innamorato di elio (non un fan del cantante delle Storie Tese, intendevamo il gas dei palloncini. Cosa lo gonfiamo a fare il fan di un cantante?) per poi farlo veleggiare fuori dalla finestra, tenendolo saldamente ancorato al balcone con la solita fune. Tirarlo dentro solo quando serve; per esempio alle feste comandate, per la funzione riproduttiva di cui sopra, e poi se fuori fa *proprio* troppo freddo.

Laura Pausini
LA SOLITUDINE

"Marco è stato davvero il mio primo amore."
Laura Pausini

Abbiamo una confessione da fare: questo brano abbiamo dovuto includerlo a grande richiesta di tutti i nostri consulenti. In effetti, per le caratteristiche che vedremo, *La solitudine* è il Giampiero Galeazzi della canzone depressiva: anche volendo, non la si può ignorare. Contiene tutto il ricettario della canzone piagnucolina, dal treno delle 7.30 (che è poi quello che Baglioni sta aspettando seduto su una panca fredda del metrò) alla fotografia nel diario. Ma è anche vero che si tratta di un brano che suscita un pateracchio di risate. Le parodie si sono sprecate, legioni di comici vi hanno attinto per dimostrare la propria efferata spassosità. Inoltre, ha bollato per l'eternità tutte le persone di nome Marco – il marchio di Marco, di cui sono vittima tutte le persone che almeno una volta nella vita si sono sentite dire: "Marco se n'è andato e non ritorna più"... Alzi la mano chi l'ha scampata.

(... Se vi chiamate Marco e avete alzato la mano, siamo contenti lo stesso perché ora tutti attorno a voi vi stanno guardando, chiedendosi perché mai state leggendo un libro con la mano alzata come degli scardinati.)

Il vero problema del marchio di Marco è che ai cantanti uomini è consentito fare un nome femminile e ripeterlo a mo' di litania. Non sappiamo se le Concette ed Ermengarde d'Italia abbiano anche loro trovato un menestrello, ma ne siamo pressoché sicuri, per quanto le Laure, le Marie, le Anne e le Francesche sparse nello Stivale siano state per forza di cose chiamate in causa con maggiore frequenza. Viceversa, la donna che declama un nome maschile genera una strana ilarità. Da *Renato* di Mina a *Stasera a casa di Luca* di Silvia Salemi, i parolieri hanno generato infinite sequenze di arguzie.

Certo, gli autori del brano ci si mettono di buzzo buono ad accanirsi su Marco, costretto dal padre ad abbandonare il liceo per andare a lavorare. Di lui sappiamo che ha gli occhi di un bambino un poco timido, sta rinchiuso in camera e non vuole mangiare, stringe forte a sé il cuscino e piange – fondamentalmente, è il perfetto ascoltatore delle canzoni trattate in questo libro. A margine, vale la pena di notare che ci troviamo in un pastrugno degno dei quadri di Escher: Marco è nelle condizioni ideali per ascoltare *La solitudine*. E lo stesso vale per la sua amichetta, che se la canta e se la suona a scuola, con la cuffia nascosta tra i lunghi capelli, intanto che la prof di matematica tenta di mettere in testa ai suoi studenti pelandroni quelle due o tre operazioni che sono bastate a Tremonti per diventare ministro delle Finanze. Nel contempo, di fianco a lei, il banco tragicamente vuoto di Marco già reca le prime scritte maramalde ("Marco suca", "Gobbi bastardi", "Pausini tettona" e altre istanze giovanili).

In questo quadro di impeccabile depressione adolescenziale si celano sviluppi futuri che rendono la canzone ancora più sconsolante. Perché se ci pensate, il fatto che Marco non vada più a scuola non è realmente un ostacolo alla storia tra lui e lei. Sarà viceversa un impulso per entrambi affinché realizzino i loro destini che, come il padre di Marco sospettava da tempo, erano a repentaglio. Era chiaro che lui, coi suoi occhi di bambino un poco timido, vagheggiava di iscriversi a Filosofia e diventare un depressissimo insegnante di liceo invece che uno stimato produttore di stuzzicadenti. Abbandonate certe idee frille, coi primi guadagni si comprerà un fuoristrada e andrà a trovarla con occhi di buzzicone affatto timido; si sposeranno e verranno ad abitare sopra casa vostra. E se finora avete ironizzato beffardi su di loro, *adesso* siete depressi.

DIAGNOSI

Per gli ascoltatori occasionali, non è niente di grave: si tratta di una blanda depressione studentesca, con la ricerca di alibi per la propria apatia ("Studiare è inutile: tutte le idee si affollano su te"). E tra l'altro, il titolo è una bufala: *La solitudine* non affronta realmente il problema della solitudine cosmica.

Ma per chi la ascolta in modo compulsivo, si profila un disturbo dipendente di personalità, ovvero la sensazione che la propria esistenza dipenda totalmente da qualcun altro. È un disturbo caratterizzato da una terribile paura della separazione ("distanze enormi sembrano dividerci") e difficoltà nel fare o decidere anche la cosa più scema senza la presenza rassicurante della persona significativa. L'ideale seguito di questo brano, la quasi altrettanto celebre e deprimente *Non c'è*, interpretata da Laura Pausini nello stesso album, aggiunge al quadro la frase "anche in prigione me ne andrei per te", tipica di un Ddp (sarebbe l'acronimo di disturbo dipendente di personalità) (... non sapete cos'è un acronimo? ... Siete Marco, vero?), per come descrive la sua inclinazione ad accettare anche situazioni ingrate o aberranti per tenersi buono l'altro/a. In effetti, molte storie d'amore non sono che dei DDP mascherati da TVTB (non conoscete neanche questo? ... Siete il padre di Marco, vero?).

TERAPIA

Se il vostro problema è un Ddp, avete bisogno di credere nella possibilità di vivere autonomamente. Di rendervi conto che non è vero che siete inadeguati e incapaci di affrontare il mondo da soli. Okay, fondamentalmente lo siete, però se cominciate da subito a lavorare sulla vostra individualità, a riconoscere i vostri bisogni, ad affermarli, e ad acquistare uno straccio di fiducia in voi stessi, il resto verrà da sé. Per farvi una pera di fiducia consigliamo il brano di Pino Daniele *Yes I know my way*, grazie al quale potrete dire: "Yes I know my way, ma nun' è addò m'aie purtato tu... Yes I know my way, mo' nun me futte cchiù: tu vaje deritto e i' resto a pere". Se non capite cosa dice perché siete di Varese, ancora meglio: pensate a che botto farete nel circondario parlando in questo modo.

Renato Zero
IL CARROZZONE

"Non dimenticatemi!!!"

Renato Zero

Il *memento mori* stornellato del *Carrozzone* è decisamente la chiave di volta nella carriera di Renato Zero, quella che lo ha reso ciò che è ora. Fino all'uscita di questo 45 giri (uno dei più venduti nel 1979), presso la maggior parte degli italiani (sorcini esclusi, ovviamente), il cantante romano era come minimo un folkloristico burino, come massimo un emerito busone. Il pezzo lo sdoganò presso i macellai, ma come è giusto per un brano che parla di morte, segnò l'inizio della sepoltura di quel personaggio grazie al quale Renato Fiacchini in arte Zero si era fatto conoscere a inizio carriera. Ovvero il travestito pittato che berciava allegramente "mi vendo!" o "il triangolo no, non l'avevo considerato!", o ancora "dai su sbattiamoci! Tanto per conoscerci". Con *Il carrozzone*, improvvisamente Renatone acquisì quella dignità che sempre si riconosce a chi si veste da beccamorto. Zero ci si è trovato talmente bene che da giullare si è trasformato in enfatico predicatore ("Sì! Siamo meschini e anche vili... Ma... Non siamo stati mai, così soli... Soli! Ave Maria! Ave

Maria! Ave Maria!!"). Finendo, come i migliori predicatori, per fondare – col beneplacito del sindaco Veltroni – la propria chiesa, chiamata Fonopoli (perché non Fisiko? Fcarabeo? Fubbuteo? Fombola?).

Dire che *Il carrozzone* è deprimente è come dire che Alvaro Recoba è benestante. E non solo per il tema, ovvero la Trista Mietitrice, colei che uno alla volta ci tira giù tutti dal Carrozzone della vita, mentre noi continuiamo a cantare (eventualmente allietando gli ultimi anni della nostra esistenza con un'altra canzone di Renato: "Vecchio, diranno che sei vecchiooooo..."). Per rafforzare questa sensazione gli autori del brano, sfogliando il Manuale del Giovane Addoloratore, si sono fermati sulla pagina che svela come, declamando parole di norma gradevoli con tono terribilmente avvilito, si ottiene l'effetto desiderato. "I nostri sogni... la fantasia... bella la vita... ridevi forte... il pane caldo... la tua poesia... la paura era allegria... un fiore... un cielo... la tua ricca povertà..." Nota bene, se prendete qualcuno di questi concetti e li ripetete con tono estatico – "poesia! fantasia! allegria!" – potete farci la pubblicità del Crodino.

Ma a suo modo *Il carrozzone*, oltre a ricordarci che dobbiamo morire (grazie, eh) ha anche una valenza sottilmente consolatoria, che un uomo in odore di beatificazione non può far mancare ai suoi discepoli. Il capolavoro consiste nel fatto che questa consolazione è la più deprimente che possa esistere. Ovvero: sì, ma tanto la morte prima o poi ci becca tutti. Mal comune, mezzo gaudio. Alè!

DIAGNOSI

Chi ascolta con soddisfazione *Il carrozzone* è fortemente indiziato di nutrire una marcata paura della morte: un pensiero ricorrente e ossessivo che si può trasformare in una fobia ansiosa, che porta ad aver paura di fare qualsiasi cosa. Salire su un aereo o una gondola, fare il bagno al mare, mangiare la pizza coi funghi, andare dal medico per paura che scopra che quel raffreddore è in realtà vaiolo. Ma non solo: la fobia si irradia tutto intorno al fobico, che teme per tutte le persone cui tiene: familiari, fidanzati, amici, per i quali è in perenne ansia, giungendo a controllarli telefonicamente giorno e notte per verificare che non siano trapassati... Naturalmente, può darsi anche che ascoltiate continuamente questa canzone perché siete fan di Zero – ovvero, sorcini. Nel qual caso, non c'è cura possibile.

TERAPIA

Detto tra noi, non è che morire faccia un mondo di bene. Questo tipo di paura, in dose ragionevole, è quella che vi evita di andare a 180 all'ora in autostrada, di dondolarvi giù dai cavi dell'alta tensione, di girare per Bergamo con una macchina targata Brescia. Per cui, un po' di questa paura è bene tenersela. Per portarla a livelli accettabili, potete abbracciare qualche religione, visto che sono lì apposta; meglio se si tratta di una di quelle tese a convincervi che tornerete ad ammorbare questo pianeta. L'ascolto di un celebre brano di Riccardo Cocciante (*Cervo a primavera*) faciliterà la vostra conversione, e siamo ansiosi di vedervi rinascere cervi a primavera, o gabbiani di scogliera. O pernici di montagna – o una foglia, o una castagna.

Una castagna?

Afterhours
QUELLO CHE NON C'È

> "Sono vecchio, sono passato, sono irreale, sono fuori tempo, sono goffo, sono un fantasma, sono un illuso."
>
> Manuel Agnelli

Avrete sentito parlare del test di Rorschach, quei disegni inventati un secolo fa dal dottor Hermann Rorschach, psicanalista – manco a dirlo – svizzero. Si tratta di dieci pastrugni nei quali ognuno può vedere qualsiasi cosa. E qui sta lo spasso. Se per esempio davanti al disegno numero uno dite al dottore che quella improbabile grottesca farfalla vi ricorda un improbabile grottesco granchio, vi state scavando la fossa a gran badilate: le chele del granchio rivelano che avete un debole per la castrazione (beh, chi non ce l'ha); se però ci vedete un improbabile grottesco aquilone, state gridando a squarciagola il vostro desiderio di ritorno all'infanzia e fuga dalla realtà. Se ci vedete un'improbabile e grottesca patatina fritta, è evidente che la vostra fase orale è galoppante e irreversibile, come del resto il vostro tasso di colesterolo. In effetti il test di Rorschach è un grosso motivo di intrattenimento per gli psicanalisti, e sarebbe ora che lo diventasse anche per il grande pubblico: pare che una prestigiosa casa di produzione sia pronta a farne un momento clou di un imminente reality show (*"Il Parco degli Skizzati*! In arrivo sul canale implacabilmente giovane! Anche VOI potete vincere!").

Anche *Quello che non c'è* degli Afterhours gioca con le sue belle formine inquietanti: il bambino con la pistola, le foglie che sono forti mentre gli alberi sono morti, le ali nere e il mantello, un angelo che lecca il cuore (uhm) e via suggestionando finché il protagonista maledice il modo in cui è fatto, perché è un vigliacco e ha perso il gusto per l'alito d'angelo (uh?) e si fotte da sé (e questo è vero).

È decisivo quello che non si vede (a chi spara il bambino? Cos'è quello che "sembra alba ma alba non è"? Com'è l'alito di angelo? Anche gli angeli mangiano fagioli?) quasi quanto quello che non si capisce (a che gli servono ali nere e mantello? Come sono morti gli alberi? E comunque, a lui che gli frega di *curare le foglie*? Non è che, fondamentalmente, c'ha la segatura in testa?). Oh, ci son dentro tante cosine, in *Quello che non c'è*. Dall'ipotesi che l'illusione sia una necessità quotidiana, al comandamento anarcosciampistico "la chiave della felicità è la disobbedienza in sé", fino alla sempre gradita tirata sulla fine delle ideologie, naturalmente a braccetto col vibrante anelito a un'utopia che ci pompi un pochino, in mancanza della quale non abbiamo altra scelta che lagnarci schitarrando. A proposito di schitarrare, è degno di nota il fatto che gli Afterhours, che avevano iniziato con *Sui giovani di oggi ci scatarro su*, gagliarda dichiarazione di intenti, siano approdati con l'età matura a questo tipo di malinconica ballatona sottovuoto cosmico che vellica le migliori giornate degli universitari fuori corso. Un peccato per il gruppo di Manuel Agnelli – del quale ricordiamo con simpatia la descrizione di quella volta che si è infilato nel sedere un tubo di spray per capelli (cfr. il suo libro *I racconti del tubetto*, ed. Ultrasuoni). Ora come ora, sentendolo caragnare nel microfono, viene la tentazione di emulare John Belushi in *Animal House*: strappargli la chitarra e sbatterla con violenza inaudita contro il muro, per poi scusarsi contriti.

DIAGNOSI

E allora, cosa ci vedete, in *Quello che non c'è*? La mancanza di una causa in cui scagliare il vostro nobile ardimento, la vostra disillusione sentimentale, l'impatto tra la vita come poteva e doveva essere e l'amara realtà? Il nostro sospetto è che qui, come nel test di Rorschach, valga tutto. A ben guardare, questa canzone è un festino per psicanalisti. Pare di vederli, Crepet, la Slepoj e Morelli, mentre discutono: "Mettiamo la foto del bambino o la lettera della madre?" "Mantello e maschera da Zorro vanno bene?", "Zorro fa troppo Banderas, metti le ali da Batman che citano Frank Miller e Tim Burton – piuttosto, la parola *fottendomi* funziona o è meglio un *'fanculo*?", "Non se ne parla, *'fanculo* è anni novanta, mentre *fottendomi* è un termine perfettamente bivalve. Casomai, siamo proprio sicuri di quell'angelo che lecca il cuore?", "Non vorrai fargli leccare qualcos'altro". Alla fine, una volta confezionato il testo, i numi della strizzacervelleria italiana lo affidano agli Afterhours che lo diffondono tra i giovani, in modo che il brano sprigioni la sua devastante carica depressiva. Nel giro di qualche anno, una nuova generazione di infelici busserà agli studi dei circa diecimila psicanalisti e oltre trentacinquemila psicologi italiani. Ebbene sì, ora lo sapete: il grosso delle canzoni italiane, da quelle sanremesi a quelle di rochenroll alternativo, viene scritto appositamente per sostenere un intero settore professionale. Che prospera per qualcosa che non c'è.

TERAPIA

Gli Afterhours raccolgono consensi tra i giovani "studiati", i quali solitamente hanno sdegnoso schifo di Marco Masini. Eppure la risposta a chi soffre di tubettite – ovvero del desiderio di infilarsi su per il sedere un oggetto cilindrico mentre ascolta una canzone degli Afterhours – è proprio Masini: il neocrinito toscano ha affrontato lo stesso senso di vuoto anni prima. E ha detto no alle illusioni (e anche al tubetto), constatando virilmente che tutt'intorno ha "una tabula rasa di amici e di affetti" e si barrica in casa – mentre suo padre "da bravo ragazzo, ci crede davvero a una vita del cazzo". Non va neanche a cercarsi un lavoro, a fare concorsi (poi, vincono *loro*); incontra sua madre che è un anno che è morta, "col solito grande sorriso dolente mi dice ti passa, mi dice sopporta: bisogna imparare ad amare anche il niente. Il niente. Il niente. Il niente" (per amor di precisione fonetica: "Il gnènte. Il gnènte. Il gnènte. Il gnènte").

Certo la risposta di Masini, nella canzone intitolata *Il niente* (... ne siete sorpresi, sì?) ha un che di crudo e nichilista. Ma la realtà è che un vero rocker non può chiamarsi Agnelli e per di più *scrivere libri*. No, il vero vibrante rocker capace di dare risposte scomode e disprezzare le illusioni è un uomo che sa vivere a cento all'ora, anzi, a 206 chilometri orari (patente ritirata il 6 gennaio 2006 sulla Firenze-Livorno). Proprio lui, Marco Masini. Fatevene una ragione: sarà terapeutico.

Massimo Ranieri
PERDERE L'AMORE

> "Sono un cantante popolare,
> fuori moda,
> un cantante all'antica."
>
> Massimo Ranieri

"E adesso andate via."

... Scusa?

Parli con noi? Stai parlando con noi?

Ah, e allora con chi stavi parlando? Parli con noi? Non vediamo nessun altro qui. Ci siamo solo noi, qui.

*Ma con chi c**** credi di parlare? Ah, davvero? Be', vaffan...*

"Voglio restare solo con la malinconia, volare nel suo cielo."

Uh? Davvero? Ehi, ma potevi dirlo subito. Scusa la pistola, era giusto per darci un tono. Decolla pure, amico. Di', cosa danno per pranzo a chi vola nei cieli della malinconia? Due cracker, come l'Alitalia?

"Non chiesi mai chi eri..."

Non è una buona idea.

"Perdere l'amore..."

Oggesù.

"Quando si fa sera..."

In effetti si è fatta una certa, noi si va... In gamba, eh?

"Quando tra i capelli un po' di argento li colora."

Non ti preoccupare, si sa che l'uomo brizzolato cucca a mani basse.

"Rischi di impazzire, può scoppiarti il cuore."

Ci ha fregati. Dovevamo andarcene subito. Che poi, esattamente, dove ci troviamo? A casa di Massimo Ranieri? E si può sapere come diavolo ci siamo finiti?

"Lasciami gridare!"

Non vale, questo lo dice Pappalardo.

"Rinnegare il cielo!"

Questo invece lo ha fatto Baccini in quel reality, come si chiamava.

"Prendere a sassate tutti i sogni ancora in volo!"

Non farlo, hai una mira che rivaleggia con quella di Gino Paoli.

"PerdeRE l'amore! Quando si fa sera! Quando sopra il viso c'è una ruga che non c'era!"

Non la stai prendendo bene questa storia dei capelli bianchi e delle rughe, vero?

"E vorresti urlare!"

Eh, parrebbe.

"Soffocare il cielo! Sbattere la testa mille volte contro il muro!"

Dicono che anche solo due volte si ottengono ottimi risultati.

"PerdeREEE l'amore! Maledetta sera, che raccoglie i cocci di una vita immaginaria!"

La sera è una metafora, vero? Quindi anche i sassi... No, perché un'intifada da appartamento è una pessima idea, pes-si-ma.

"Non me l'aspettaaavo!"

È chiaro ma, ma... un momento. Cos'è questo?

Un assolo di sax????

In una canzone come questa? Ma è quanto di più incongruo – cioè, un sassofono maliardo, buttato lì in mezzo a questa escalation rancorosa. E questo pezzo ha vinto Sanremo?

"PerdeREEEEEEEEEEEE..."

Via tutti, ora esplode.

"... l'AMORE! Prendere a SASSATE tutti i sogni ancora in volo!"

Apparentemente la prima pietrata se l'è presa il sassofonista: l'assolo è durato una decina di note.

"Li farò cadere ad uno ad uno! Spezzerò le ali del destino e ti avrò vicino!"

Bravo, ben detto. Vogliamo vederlo, il destino, con le ali fratturate.

"PerdeREEEEEEEEEEEEEEEEEEEEEEEEE EEEEEEEEEEEEE..."

Questo piacerà ai vicini di casa.

"... l'AMORE!!!!!!"

Sì, non è simpatico, ma dopo tutto ci sono eventi ben più drammatici a questo mondo, lo sai anche tu. Per esempio, potresti aver perso il cellulare.

DIAGNOSI

La perdita dell'amooooore è un alibi. Il soggetto sta dando sfogo a una rabbia più ampia. È uno sfogo furioso che coinvolge, per esempio, anche l'invecchiamento vissuto male, con l'ipotesi non peregrina della perdita della baldanza sessuale come causa vera o presunta dell'essere stati scaricati. Ne deriva quella che viene chiamata Rabbia contro "Dio" o, se siete atei, il "destino": la convinzione che vi sia stato tirato un pacco del tutto immeritato. Noterete come la canzone non infama la persona che ha mollato l'urlatore – ed è piuttosto raro nella musica leggera che la fine di un amore non implichi un lagnoso elenco tipo "io ho fatto questo per te, e ora tu mi fai questo, oh, mostro senza cuore!" e via tediando gli amici intimi e gli ascoltatori.

TERAPIA

La terapia scelta da Massimo Ranieri nell'interpretare la canzone parrebbe quella dell'urlo primordiale ("PerdeREEEEEEE..." ci siam capiti), che è uno sfogo salutare così su due piedi, ma se prolungato diventa socialmente molesto. Provate invece a reagire all'abbandono con la nonchalance stilosa degli Articolo 31: "Chissà domani quale fuoco ecciterà i peccati miei (domani), perché domani non ci sei, perché domani non c'è 'noi', perché domani, c'è solo domani (domani), domani". È una proficua, positiva filosofia Rossella o'haresca contenuta in un pezzo che si intitola – non ci crederete – *Domani*.

Mina, Delta V
SE TELEFONANDO

"Io non odio. È troppo faticoso ricordarsi ogni giorno chi e perché."

Maurizio Costanzo

Tutti pensano che la protagonista di questo bellissimo pezzo sia una donna – e infatti a cantarlo, in modo sublime, è Mina. Imitata qualche anno fa dalla vocalist dei Delta V, che ne hanno fatto un eccellente riarrangiamento, togliendo all'originale quel sapore bizzarramente western conferitogli da Ennio Morricone tra una pausa e l'altra dei film di Sergio Leone.

Però, se la musica è di Morricone, il testo è del rubacuori *par excellence*. Maurizio Costanzo. All'epoca, lo sciupafemmine era sposato con Lori Sammartini. Dieci anni dopo avrebbe impalmato Flaminia Morandi; poi si sarebbe unito a Simona Izzo, cui avrebbe fatto le scarpe Marta Flavi, a sua volta seguita da Maria De Filippi. Che sorprendentemente è tuttora in carica: forse l'atletico showman è scarico, forse se la tiene buona perché spera che lo inviti a *Uomini e donne* dove potrebbe finalmente incontrare Costantino, il figlio che si sarebbe ampiamente meritato.

La premessa è lunghetta ma necessaria per spiegare come mai Mina declama parole adatte, più che a una donna, a un dongiovanni maschio. Osserviamo assieme lo svolgersi degli eventi: è estate, siamo al mare, di notte. Un lui e una lei hanno un rapporto occasionale, e "lo stupore della notte spalancata sul mar ci sorprese che eravamo sconosciuti io e te". Un modo un po' bizantino per dire: bagordi in spiaggia.

La strofa successiva include l'aneddoto salace. Ovvero: nel testo originale Costanzo scrisse: "Poi nel buio la tua mano d'improvviso sulla *mia*". Al che Mina si lamentò. "La mia? Ma la *mia* cosa? Siete matti? Qualcuno potrebbe equivocare". E chiese e ottenne di volgere tutto al plurale: "Le tue mani sulle mie (mani)". Per poi incalzare: "Il nostro amore è cresciuto troppo in fretta", e insomma vorrei mollarti anche perché presagisco che il Sessantotto e gli anni dell'amore libero sono vicini, e i porci con le ali stanno per spiccare il volo. Segue la celebre frase "se telefonando io potessi dirti addio ti chiamerei". Alias: se potessi sganciarmi da te senza compromettermi troppo lo farei. E guarda, avessero già inventato i cellulari sarebbe stato anche più comodo, e ti avrei scaricato via SMS, in meno di 160 caratteri: "Il nostro amore appena nato è già finito. Baci". Oppure, se i protagonisti fossero stati due diciottenni di oggi: "Fine. Spiac. ;-)".

Il cellulare e soprattutto gli SMS permettono di troncare molte circonvoluzioni dialettiche che rendevano surreali le fasi delicate di un rapporto di coppia. Ma siccome la canzone è del 1966, il minimo che si possa fare per mollare qualcuno in quest'epoca è alzare la cornetta. Che già è un modo per tenere a distanza l'altro, per non guardarlo in faccia. Però anche solo chiamando, pensa il mollante, tu potresti pensare che ti sto chiamando perché *in realtà* voglio darti una possibilità di prendere atto e di suggerire una via di uscita affinché il nostro rapporto si evolva in qualcosa di più significativo (è contorto, ma Costanzo è un uomo – e che uomo – e ragiona da uomo). Sicché, essendo sentimentalmente coniglio, preferisco saltellare l'evenienza: non ti telefono proprio, ti ignoro, ti dimentico, e nemmeno ti rivedo. In teoria per non farti soffrire, in pratica perché non c'ho voglia, e sto cercando di inventarmi il mio prossimo format.

DIAGNOSI

Questa canzone piace a tutti i soggetti che – in contesti socio-spaziali diversi hanno fatto una cazzata in campo sentimentale. Della serie: sì, il colpo di calore in spiaggia/in macchina/nella toilette di un aereo/sul dorso di un dromedario ci poteva anche stare, ma di qui a rivedersi e magari intessere una relazione ce ne corre. Il problema è che non so come dirtelo perché mi manca il coraggio e *non sono in grado di dare un taglio netto* alle cose.

TERAPIA

Di Maurizio Costanzo si potrebbero dire tante cose. Alla casa editrice sono un po' timorosi, e ci hanno suggerito di non dirle – ma noi non abbiamo paura di rivelare che lo troviamo estremamente bravo, buono, intelligente, comprensivo. Toh, per quanto ci riguarda, non ha neppure i baffi come vocifera alle sue spalle certa gente meschina e invidiosa con cui non vogliamo avere niente a che spartire. Quel che è certo, comunque, è che di donne ne ha mollate a mazzi: chissà se tutte nello stesso modo, ovvero senza telefonare. Forse, al massimo, mandando un fax. Di sicuro, un esperto di tagli netti era invece il mitico Drupi, che nel 1973 cantava *Vado via* (1973): "È meglio se io ti lascio, adesso che posso. Ti lascio adesso che posso... ti lascio, ti lascio. Adesso che posso ti lascio". Deciso e soprattutto chiaro. Purtroppo tra l'uomo medio e il Drupi medio tende a spalancarsi uno spaventevole abisso.

Riccardo Cocciante
A MANO A MANO

"Fa paura l'amore puro, assoluto, dà fastidio."
(Riccardo Cocciante)

Siamo nel 1977. Meglio noto, a sinistra, come "il '77" (diminutivo che sottintende complice familiarità. "Lele, stasera si va da Lillo con Lella e Lallo. Viene anche il '77."). Per il Paese è un anno di piombo. Per Cocciante è un anno di granito: il protagonista del suo brano rievoca dolci ricordi "sbiaditi dal tempo e sciolti nel pianto", e i tempi in cui "vivevi con me in una stanza, non c'erano soldi... ma tanta speranza" (se non vi si stringe il cuore, siete degli infami). A mano a mano la miseria, da finanziaria, diventa esistenziale e sentimentale: "A mano a mano mi perdi e ti perdo, e quello che è stato ci sembra più assurdo...".

Anche a noi.

E a mano a mano, iniziamo a singhiozzare con lo hobbit della canzone italiana, cominciando a intuire che cosa è successo. Perché a mano a mano la ragazza, stanca della stanza, e spinta dal miraggio di cospicui guadagni, è diventata una donnina di malaffare. Lo deduciamo dal fatto che prima era "più vera" seppur povera, adesso invece, "nei sabato sera" non lo è più. E questo particolare dei sabati sera non lascia spazio a molte altre scelte professionali: le cubiste, nel '77, dovevano ancora inventarle. Va bene, se proprio insistete a difenderla, possiamo inventarci che faceva la cassiera di un cinema (porno). Siete contenti di questo castello di illusioni? Non la volete proprio guardare in faccia la realtà?

Sapete bene che a mano a mano che siamo cresciuti, le donne di Cocciante le abbiamo tutte incontrate di nuovo, loro o le loro figlie, nelle canzoni di Marco Masini (con la non irrilevante differenza che la *Bella senz'anima* di Cocciante ubbidisce al grido: "E adesso spogliati come sai fare tu!", mentre la *Bella stronza*, per Masini, rifiuta di spogliarsi).

E a mano a mano ci siamo resi conto amaramente che si tratta di creature che preferiscono il denaro alla poesia (le si può anche capire: la poesia, la poesia, sembra che non ci sia).

A mano a mano che la canzone va avanti, c'è un altro dettaglio che ci angustia. Il fatto che Cocciante non sfrutti appieno le capacità melodico-vocali che ne hanno fatto il precursore del grunge: Kurt Cobain gli deve molto per la tecnica dell'alternanza tra toni sommessi e urla belluine. Ma in questo caso, la bomba ricciuta sceglie di non esplodere, perlomeno dal punto di vista laringoiatrico. Certo, dal punto di vista dei testi, non dà tregua: lui la implora di mollare il lampione "e a mano a mano vedrai che nel tempo, lì, sopra il tuo viso, lo stesso sorriso che il vento crudele ci aveva rubato, che torna fedele: l'amore è tornato da te".

Vedete che dice "torna fedele"? È la prova che, nel

frattempo, lui era ampiamente diventato *Cervo a primavera*.

DIAGNOSI

Questo brano ha molte frecce al proprio arco. La più importante la scocca (nel sedere, ovviamente) agli uomini che sono stati traditi e sentono possibile la riconciliazione, preparandosi a vestire i panni dell'uomo comprensivo. E non solo: a riconoscere anzi che questo periodo è stato fondamentale per capire i loro errori, a promettere che non li ripeteranno più, e giurare che tanta sofferenza gli ha fatto scoprire quanto sono importanti l'uno per l'altra. Tutte sciocchezze: lei non tornerà – e loro, come del resto suggerito dal titolo, continueranno a fare ampio uso della mano.

TERAPIA

Se siete quegli uomini, cominciate col cercare di guadagnare di più, in modo da guadagnare anche in appeal sulla tipa. Le due strategie più sicure sono la malavita organizzata oppure un bell'assessorato regionale; in entrambi i casi, non vi beccheranno mai. E a mano a mano il successo dovrebbe arridervi senza fatica; nell'attesa, correte dai genitori e fottetevene dell'orgoglio, ne ha rovinati più lui del petrolio, e bussate a soldi presso i genitori con una scanzonata canzone di Baccini: "Oh mamma dammi i soldi, uò uò!".

883
GLI ANNI

"Il mondo è pieno di cose detestabili. Una in più o in meno non farà la differenza."
Max Pezzali

Ci sono quelli che cantano i vincitori. Non sono molti, perché non è che convenga. Da una decina d'anni si sprecano le canzoni sull'Inter, mentre quelle sulla Juve non sarebbero popolarissime. E poi i vincitori magari domani cominciano a perdere, e allora la tua canzone diventa un gatto nero. Perciò, per cantare i vincitori è preferibile che questi abbiano fatto una brutta fine (*Coppi* di Gino Paoli, *Ayrton* di Lucio Dalla, e i pezzi che Alexia nonché Baccini hanno dedicato a Marco Pantani).

Poi ci sono quelli che cantano i perdenti, e non sono mica pochi. Di fatto, è cantando i perdenti che ci si arricchisce. I perdenti in questione non comprano la canzone, ma tutti gli altri rimangono ammirati. Ecco perché da *Aiace* (canzone di Vecchioni), sconfitto da Ulisse a *Vilcoyote* (canzone di Finardi), sconfitto da Bipbip, non c'è leggendario antieroe la cui vana lotta non sia stata omaggiata.

Max Pezzali canta i pareggianti. Quelli che quando gliene va bene una non ci stanno dentro (*6 1 mito*), ma che più spesso se ne stanno lì a subire le chiacchiere dell'amico sborone (*6 1 sfigato*). Ultimamente l'orsacchiottone pavese si è un po' imbolsito fisicamente (si è trasferito a Roma e ha preso 25 chili. Giustificandosi con la frase: "Magno!") e forse artisticamente non ha più i guizzi estrosi della prima giovinezza, ma nel primo periodo della sua produzione col marchio 883 ha tratteggiato la contemporaneità molto meglio di suoi colleghi più celebrati che guardano il mondo dall'alto del monte Parnaso. I suoi personaggi, giovani impiastri qualunque, hanno conquistato fanciulle a colpi di tappetini nuovi e Arbre Magique e hanno sofferto la paranoia della vita familiare, sentendosi rinfacciare il temuto *Questa casa non è un albergo*. Sia chiaro, Pezzali ha anche regalato danni biologici (certe canzoni ma soprattutto il ruspante film *Jolly blu*). Però gente, pochi brani in Italia investono con la slavina di angoscia provinciale contenuta in *Con un deca* o *Weekend*. La presente *Gli anni* è per certi versi meno drammatica delle due testè citate ma, come vedremo, fotografa un fenomeno ancora più diffuso.

L'inizio è laconico: "Stessa storia, stesso posto, stesso bar". Parentesi: togliete il bar alla canzone italiana, e se ne vanno a casa il Roxy bar di Vasco, il Bar Mario di Ligabue, i Quattro amici al bar di Paoli, i calciatori falliti di De Gregori "che adesso ridono dentro a un bar" e non avete idea quanta altra roba. Ma per Max Pezzali, il bar è il centro dell'universo (e obiettivamente il suo fisico inizia a risentire di tutti quei boeri). Il suo coetaneo Jovanotti fa il Marco Polo che si spinge fino all'*Ombelico del mondo*; Max Pezzali è il Dr. Livingstone del Cafè Gran Mokito, e ha probabilmente nel cassetto tutta una serie di suite sul calciobalilla e la cassiera.

Non fatevi ingannare pertanto dal verso successivo: "Non lo so che faccio qui". La risposta è: stai tirando le sette e tre quarti come tutti i santi giorni. Ma lui, per darsi un contegno, esce dal bar come se potesse farne a meno: è un po' come se Trinidad decidesse di separarsi da Tobago. In tale frangente, vede "i fari delle auto che mi guardano e sembrano chiedermi chi cerchiamo noi: gli anni d'oro del grande Real, gli anni di Happy Days e di Ralph Malph. Che poi erano anche gli anni di "che belli erano i film", gli anni dei "Roy Rogers come jeans".

Precisiamo, per capire lo spessore di Pezzali (ove ce ne fosse bisogno, vista l'inarrestabile espansione del suo girovita), che questo brano è del 1996, e quindi precede Internet e quelle stucchevoli catene che spargono il germe della nostalgia per gli anni settanta e ottanta. "E vi ricordate il Giocagoal, Jimmy Connors, la Zundapp, Jeeg robot d'acciaio, Drive in, Burghy, Ciriaco De Mita..." Che palle. E per di più, Ciriaco De Mita c'è ancora.

Poi arriva "una coppia che conosco, avrà la mia età. Come va, salutano così. Io vedo le fedi alle dita di due che, porco Giuda, potrei essere io qualche anno fa". È il clou della canzone, come la ricotta nel calzone.

DIAGNOSI

Come vedete, Pezzali intuisce per primo il dramma di una generazione che non ha ancora 30 anni e vive già nel passato (anche se rimpiange una serie di ******te). Sui Roy Rogers si potrebbe discutere a lungo, ma *Happy Days* e soprattutto lo stupidone Ralph Malph con la sua comicità scema ma rigorosamente asessuata, pre-volgare, nontrash, aprono una tenera voragine nei ventricoli dei coetanei del Max. Quanto al grande Real (Madrid), va puntualizzato che in quegli anni la squadra spagnola non era poi così grande: erano casomai le squadre inglesi a dettare legge in Coppa dei Campioni. Il riferimento è a due sole partite, in cui il Real mandò a casa l'Inter dalla minore competizione continentale, la Coppa Uefa. La cosa enfatizza la dimensione provinciale del nostro uomo e dei suoi coscritti, impressionati solo dalle pochissime partite trasmesse dalla Rai all'epoca.

Morale: "Cosa vuoi il tempo passa per tutti lo sai, nessuno indietro lo riporterà neppure noi". Wow, che discorso da vecchie sciure al mercato. Va sottolineato ancora una volta, il Pez compone questo brano a 29 anni, quattro anni dopo aver fatto il botto e aver raggiunto, si presume, la tranquillità economica. Quindi è evidente che l'attaccamento all'età fanciullesca è cronico e slegato dalle delusioni della crescita. *Gli anni* è il primo manifesto di quelli che oggi i giornali patinati amano definire "adultescenti", ovvero i maschi per i quali la maturità è una roba che danno a scuola.

TERAPIA

Gli adultescenti, manica di tardoni che fanno la spola tra i campi di calcetto e Santo Domingo, sono difficilissimi da curare: risultano perfettamente funzionali a programmi radio e tv di sferica stupidità, a un mercato che propone prodotti di brillante inutilità, e a un Parlamento affollato da scaltri grassatori. Si può tentare di guarirli facendogli ascoltare altra musica degli anni settanta e ottanta, quella che non finisce nelle compilation ma gli può ricordare come erano davvero quegli anni. E si può chiedere a Claudio Lolli come fossero i party dell'epoca... "Si porta in tavola una torta di mele con su piantate 20 candele, e lo spumante dell'anno scorso, tenuto in frigo, rimasto lì. Si porta in tavola la commozione, tutti i ricordi di giovinezza, la ruota gira, gira il timone, fa capolino un po' di tristezza. Fa capolino un poco di rabbia. Fa capolino una vita schifosa".

Bella storia, no?

Mia Martini, Elisa
ALMENO TU NELL'UNIVERSO

> "Nella mia vita precedente ero una strega. La gente inferocita mi ha linciata e murata viva, per questo ora ho il terrore del pubblico."
>
> Mia Martini

Non ce ne voglia Elisa, che pure ha interpretato decentemente questo brano. Ma (il maestro) Bruno Lauzi ha scritto questo brano espressamente per un'interprete determinata a prendere il proprio cuore, farlo a fettine come fosse prosciutto e servirlo in tavola. E costei non poteva essere nessun'altra, se non Mia Martini.

A riepilogare le disdette dell'artista calabrese potremmo ritrovarci con un'enciclopedia, e a meno che non siate troppo giovani per conoscerne le vicende, vi sarà impossibile ascoltare questo pezzo senza pensare che la protagonista della canzone, la donna straziata che teme l'ennesima fregatura sia proprio LEI, Domenica Berté, per gli amici Mimì. Come la protagonista della *Bohème*. E se avete presente la fine che fa la Mimì della *Bohème*, capirete che già dagli amici che così la soprannominavano avrebbe dovuto guardarsi attentamente.

Il pezzo supera i cinque minuti, una durata insolita per un brano presentato a Sanremo. Era il 1989 e Mia Martini era sparita dalle scene per sei anni perché – è dominio pubblico – veniva additata come iettatrice. Verosimilmente era il contrario. Lei portava fortuna, basta guardare chi le stava vicino: sua sorella Loredana Berté se la passava benone, e proprio nel 1989 fu protagonista del matrimonio più vip d'Italia quando Paolo Pillitteri, il "sindaco cognato" di Milano, la unì in matrimonio alla macchina da tennis svedese, Bjorn Borg. Sempre a quell'epoca, il suo ex Ivano Fossati era in pieno boom con il disco *La pianta del tè,* nel quale è contenuto il suo brano più celebrato, (qui già ampiamente esplorato), *La costruzione di un amore*. Brano che, cantato da Mia qualche anno prima, tutti avevano ignorato. Piuttosto rilevante anche il fatto che Fossati, dopo aver avuto una storia con Mia, si era brillantemente messo con Loredana – cosa che non dev'essere stata semplice da accettare. Quanto al migliore amico di sempre, Renato Zero, forse negli anni ottanta ha avuto un momento di appannamento, ma di lì a poco è tornato trionfalmente a far sentire la sua dolente voce agli adoranti sorcini.

Il testo parte con alcune considerazioni antropologiche. Ovvero: "La gente è strana. Prima si odia e poi si ama. Cambia idea improvvisamente". Fin qui, è puro Alberoni. Ma il verso successivo comincia ad affondare i colpi. "Prima la verità, poi mentirà Lui senza serietà, come fosse niente". Segnatevi quel "lui". Fatto? Proseguiamo. "Sai, la gente è matta. Forse è troppo insoddisfatta. Segue il mondo ciecamente: quando la moda cambia, lei pure cambia, continuamente, scioccamente." Sotto il "continuamente" il pianoforte rallenta come a dare un segnale subliminale: sta per crollare la diga. E infatti: "Tu! Tu che sei diverso! Almeno tu, nell'universo".

Provate ora a mettervi nei panni di Lui. Che lei ritiene unico, il primo al mondo a non piantarle un coltello tra le scapole. Che è invitato a essere "un sole che splende per me soltanto...".

In realtà, se qualcosa possiamo affermare senza tema di smentita del maschio contemporaneo, è che appena sente odore di responsabilità, preme un pulsante e si catapulta fuori con un sedile eiettabile. Sicché, la fronte imperlata di sudore, mentre Lei lo carica di aspettative, Lui sta cercando una scusa per andare a casa. Con gli occhi sbarrati, la osserva mentre mette a nudo la propria anima invece di mettersi a nudo punto e basta. "Dimmi che per sempre sarai sincero, e che mi amerai davvero, di più, di più, di più!" Come andrà a finire è implicito nel tono con cui Mia grida "mi amerai *davvero*". Non a caso, due anni dopo, sembrò commentare questo fugace momento di pia illusione con un'altra canzone, l'amarissima *Gli uomini non cambiano*. Un autentico inno delle donne deluse, che contiene l'edificante passaggio: "Gli uomini non cambiano, prima parlano d'amore e poi ti lasciano da sola. Gli uomini ti cambiano e tu piangi mille notti di perché. Invece, gli uomini ti uccidono. E con gli amici vanno a ridere di te".

Ah, inutile dire che Mia Martini non vinse il Festival. Però le fu assegnato il premio della critica. Tipico.

DIAGNOSI

Si tratta di una canzone di bellezza feroce e impietosa, che come abbiamo premesso è difficile separare dall'aura di infelicità della sua interprete, così come sarebbe difficile non cogliere il retrogusto di malinconia nella versione di *La vie en rose* di Edith Piaf. Ma certamente è possibile appropriarsi di questa canzone, e a farlo sono soprattutto donne in stato di prostrazione, che sognano qualcuno cui rivolgere un "tu che sei diverso!" a cuore imprudentemente spalancato. Donne che giudicano fallimentare la propria vita sentimentale e rotolano lungo il pendio del cosiddetto umore depresso, con tutta la sua compagnia di giro: disturbi dell'alimentazione, senso latente di disperazione, ricorso a psicofarmaci, superalcolici o profiterole, scarsa energia e un'autostima a livello del Mar Caspio.

TERAPIA

Vi ci vuole una botta di vita. E un atteggiamento verso le relazioni con l'altro sesso meno remissivo, decisamente più aggressivo ma anche giocoso. Ovvero, comprate una consonante. Aggiungete una *n* a Mia, e ottenete Mina.

(Ottenete anche Mnia, ma non vuol dir niente.)

In *Quello lì*, la tigre gattoneggia tra i banchi di un supermercato, e fa incontri decisamente interessanti. "Ma chi è quello lì... con le cosce come copertoni. Quello lì, quello lì, vicino al banco dei peperoni! Io lo devo conoscere assolutamente o mi scoppia la mente e poi non vivo più." Incassato un due di picche, non si perde d'animo, e intravede un altro individuo "con le cosce come due tinozze... Quello lì, quello lì, che sta passando vicino alle cozze. Io lo devo conoscere assolutamente". Ecco, questo è lo spirito. Ora scusate un attimo... Ma chi è quello lì? "Con le cosce come carri armati... Quello lì... quello lì... vicino al banco dei surgelati..."

Samuele Bersani
GIUDIZI UNIVERSALI

> "Uno dei brani più intensi ed emozionanti
> scritti da Samuele,
> che si aggiudica il Premio Lunezia 1998
> come miglior testo letterario.
> Il premio gli viene riconosciuto
> da una giuria composta dai più importanti
> critici musicali
> presieduta da Fernanda Pivano."
>
> *Tratto dal sito ufficiale di Samuele Bersani*

... Ah sì?

Ah, avevate riso di *Ti amo* di Umberto Tozzi e del suo guerriero di carta igienica? Del bicchiere di vino con un panino che faceva la *Felicità* di Al Bano? Di Mino Reitano che in *Italia, Italia* riassumeva la penisola con pochi tratti decisi: "Mi prende l'emozione per Firenze che sta là, per Venezia che si muove, e l'eterna Roma è qua"? Certo, certo. Guardate un po' cosa hanno premiato, *i più importanti* critici musicali:

"Troppo cerebrale per capire che si può star bene senza calpestare il cuore: ci si passa sopra almeno due o tre volte i piedi come sulle aiuole. Leviamo via il tappeto e poi mettiamoci dei pattini per scivolare meglio sopra l'odio...

Dite: è intenso?
Dite: siete emozionati?
Dite, dite.

"Mangiati le bolle di sapone intorno al mondo e quando dormo taglia bene l'aquilone, togli la ragione e lasciami sognare."

Immaginatevi i critici musicali – pardon, *i più importanti* critici musicali – che ridono sgangheratamente di Valeria Rossi e la sua *Dammi tre parole*, oppure di Dj Francesco e delle sue filastrocche. E immaginateli, invece, lì a bocca aperta di fronte al valore letterario di:

"Liberi com'eravamo ieri, dei centimetri di libri sotto i piedi per tirare la maniglia della porta e andare fuori come Mastroianni anni fa, come la voce guida, la pubblicità."

Ah, sì. Poesia.

Bene. Il fatto è che Bersani riesce a declamare queste lunghissime strofe surreali – che messe in bocca a un Nek qualsiasi lo renderebbero lo zimbello d'Italia – con distante languore e trattenendo il respiro, accompagnandosi con un pianino educato, giocherellandoci come uno studente di conservatorio dall'aria ingenuotta. E nel suo muoversi lieve, in punta di piedi, il suo scopo è confondere l'ascoltatore (oltre che *i più importanti* critici musicali), proprio come Mohammed Alì confondeva gli altri pugili, saltellandogli attorno. "Danza come una farfalla, pungi come un'ape" era il motto del grande boxeur. Sicché tutto questo danzare serve a Bersani per piazzarci in faccia uno scaldabagno di destro. Perché lui – cecchino romagnolo spietato come una piadina – rallenta, di colpo abbandona la filastrocca, prende accuratamente la mira e...

"Potrei ma non voglio fidarmi di te. Io non ti conosco, e in fondo non c'è in quello che dici qualcosa che pensi; sei solo la copia di mille riassunti. Leggera leggera si bagna la fiamma, rimane la cera e non ci sei più."

Cos'è stato? Cosa ci ha colpiti? Perché ci sentiamo così male? E perché la canzone si chiama *Giudizi universali*? Nessuno ci ha capito nulla, ma ci sentiamo giù. Bersani ci ha dato una sensazione di tristezza intrisa di mistero: dalle sue parole non si capisce se i due sono alla fine di una storia, oppure la storia non è mai iniziata perché lei è la copia di mille riassunti. Poi, si spegne la candela e si dice buonasera.

Subito dopo, Bersani riprende a danzare, ma noi siamo lì malfermi. Dice di nuovo di essere Mastroianni, poi che è una nuvola; a sentirlo parlare così verrebbe da dirgli dai, Samuele, c'hai un bel faccino, molte ragazze farebbero volentieri un po' di wrestling con te, va' a posare per i calendari anziché comporre canzoni. Ma dura poco: in pochi istanti smette di saltellare e come Ivan Drago in *Rocky IV* ci annuncia: "Vi spiezzo in due", rullandoci di cartoni in piena faccia: potrebbe ma non vuole fidarsi di noi, siamo solo la copia di mille riassunti eccetera.

DIAGNOSI

Sicuramente chi si infatua di *Giudizi universali* ama l'inutile ben confezionato. Non è che una canzone debba essere per forza utile, non fateci questa menata, perché sarebbe come guardare il dito e non la luna che stiamo enfaticamente indicando. La questione è che – come quando vi fiondate su un'iconcina colorata e vi beccate il virus che vi spacca il computer – attirati dal lallallalla lallallalla lallallalla lallallalla che costituisce le strofe (la parte gradevole e piaciona del pezzo), vi siete tirati addosso la letale narcisetteria a sfondo sadico del ritornello. È lì che è contenuta la vis depressiva del brano, quell'indefinibile giudizio sull'inutilità universale (vedete che il titolo ha un senso, alla fine?) che di nascosto vi farà immalinconire spingendovi a rifugiarvi nell'insensato, infantile lallallalla lallallalla. In ultima istanza, la canzone è costruita su una strofa un po' ebete e un ritornello incomprensibilmente ansiogeno per spingere il vostro subconscio a entrare in sintonia con la strofa, che sarà il vostro Prozac. Perciò, contrariamente a quanto succede ascoltando con le canzoni contenute in questo libro, siete stati demalinconizzati con una terapia shock. Ora voi penserete: "Beh, e che male c'è? Ci hanno espiantato la malinconia? Ben venga, dehehihohu". Serve un'altra prova per dimostrarvi quanto vi siete inebetiti? La realtà è che la vostra malinconia, così condita di lallallalla, è annegata nel compiacimento. Ma non preoccupatevi: noi vi salveremo.

TERAPIA

Vedete, per quanto male possiamo averne parlato fin qui, la depressione è anche uno stato creativo. E così la malinconia, la rabbia, il nervosino (sapete, quando si è nervosini), l'istrionismo, il cannibalismo. Non possiamo farne completamente a meno.

(Okay, il cannibalismo lo abbiamo infilato per vedere se eravate attenti.)

Se – ed è impossibile – guarissimo completamente da questi stati, saremmo tutti splendidi come Gerry Scotti. Quindi, per terapia, prendete le canzoni di cui abbiamo parlato in questo libro, e ascoltatele tutte. Sono canzoni straordinarie, e se avessimo avuto i soldi ci sarebbe piaciuto allegarle a questo libro in un ciddì (ma siamo certi che saprete dove scaric... cioè, comprarle). E se qualcuno, cantante o autore o fan, si è sentito offeso da quello che abbiamo scritto, ci dispiace, perché anche noi come loro siamo entusiasti ammiratori di quasi tutti gli artisti citati. Come? Ma sì, anche di Biagio Antonacci. In ogni caso, se siete un po' arrabbiati con noi, non temete: la nostra punizione è praticamente certa. Perché su cinquanta canzoni incluse in questo libro, ci sono tre autori sommi a cui abbiamo dedicato più di una composizione. Uno è Fabrizio De André, che fu capace di perdonare persino i suoi rapitori. Il secondo è Claudio Baglioni, che da *Anima mia* in poi ha ufficialmente il senso dell'umorismo.

Ma l'altro è Francesco Guccini, che non perdona.

Sappiamo cosa ci attende. Non sappiamo né il giorno né l'ora, ma... Nell'attesa, qualcuno di voi conosce un buon avvocato?

"... Non dimenticateci!!!!"
Renato Zero

PLAYLISTS

- Cerca il tuo disturbo e troverai la tua canzone
- Indice dei nomi
- Indice delle canzoni

Cerca il tuo disturbo e troverai la tua canzone

se hai questo disturbo	probabilmente soffri di	la tua canzone è
abbattimento	lutto e melanconia	*I giardini di marzo*
abusi familiari	complesso di Elettra	*Mary*
affastelli immagini struggenti	sindrome del lunedì mattina	*Poster*
affettività appiattita	depressione schizoide	*La canzone di Marinella*
agonia del vivere	schizofrenia	*Mentre tutto scorre*
alienazione	nevrosi da alienazione	*Vecchio frack*
allucinazioni	crisi mistica latente	*Senza luce*
ambisci a star male o morire in diretta	protagonismo	*Sere nere*
ami l'inutile ben confezionato	malinconia compiaciuta	*Giudizi universali*

ansia	disturbo borderline di personalità	*Un giorno credi*
	oppure	
	agorafobia	*Una giornata al mare*
apatia	depressa appartenenza ai tempi moderni	*Fotomodelle un po' povere*
	oppure	
	disturbo affettivo stagionale	*Il mare d'inverno*
	oppure	
	disturbo dipendente di personalità	*La solitudine*
aspetti il fidanzato in luoghi sgradevoli e malfrequentati	sindrome della Sirenetta	*Lampada Osram*
aspettative di punizione meritata	depressione schizoide	*La canzone di Marinella*
aspetto trasognato malinconico ed assente	nevrosi da alienazione	*Vecchio frack*
attitudine lamentosa	disturbo distimico	*Ogni volta*

se hai questo disturbo	probabilmente soffri di	la tua canzone è
aumento dell'appetito e del peso	disturbo affettivo stagionale	*Il mare d'inverno*
autocommiserazione	disturbo borderline di personalità	*Un giorno credi*
autostima al livello del Mar Caspio	depressione	*Almeno tu nell'universo*
bassa autostima	disturbo distimico	*Ogni volta*
blanda depressione studentesca	disturbo dipendente di personalità	*La solitudine*
bulimia	disturbi dell'alimentazione	*La donna cannone*
cessazione dell'interesse per il mondo esterno	lutto e melanconia	*I giardini di marzo*
coccoli in eterno il lutto cullato da mille violini anziché elabolarlo	masochismo	*L'ultimo bacio*

continui a farti trascinare dalla vita e da chiunque possa citofonare alle 23.45 al tuo appartamento all'Eur per colorare le tue notti bianche	donna-Mannoia: depressione	*Quello che le donne non dicono*
credenze strane	disturbo schizotipico della personalità	*Extraterrestre*
cronico attaccamento all'età fanciullesca	adultescenza	*Gli anni*
desiderio di infilarti su per il sedere un oggetto cilindrico mentre ascolti una canzone degli Afterhours	tubettite	*Quello che non c'è*
difficile passaggio della fragile adolescenza	droga	*Silvia lo sai*
difficoltà a crescere, emanciparti, staccarti dal seno materno	sei un bietolone	*Come è profondo il mare*

se hai questo disturbo	probabilmente soffri di	la tua canzone è
difficoltà di concentrazione e nel prendere decisioni	disturbo distimico	*Ogni volta*
difficoltà di interazione sociale	sindrome di Asperger	*Agnese*
difficoltà nel fare o decidere anche la cosa più scema senza la presenza rassicurante della persona significativa	disturbo dipendente di personalità	*La solitudine*
dimentichi alcuni elementi della tua storia	amnesia	*Amore che vieni, amore che vai*
diminuzione dell'autoconsiderazione	lutto e melanconia	*I giardini di marzo*
diminuzione di interesse per le attività	nevrosi da alienazione	*Vecchio frack*
disagio acuto	disturbo schizotipico della personalità	*Extraterrestre*

disillusione sentimentale	tubettite	*Quello che non c'è*
disordine	singletudine	*Uomini soli*
disperazione	disturbo distimico	*Ogni volta*
	oppure fine di una relazione	*La costruzione di un amore*
	oppure disturbo affettivo stagionale	*Il mare d'inverno*
distacco dalle relazioni sociali	depressione schizoide	*La canzone di Marinella*
distorsioni cognitive	disturbo schizotipico della personalità	*Extraterrestre*
disturbi dell'alimentazione	depressione	*Almeno tu nell'universo*
dolore per la perdita dell'amore	sindrome da abbandono	*Ma che freddo fa*
eccentricità del comportamento	disturbo schizotipico della personalità	*Extraterrestre*
egocentrismo	personalità istrionica	*Amore impossibile*

se hai questo disturbo	probabilmente soffri di	la tua canzone è
esperienze percettive insolite	disturbo schizotipico della personalità	*Extraterrestre*
fantasie	disturbo schizotipico della personalità	*Extraterrestre*
freddo	sindrome da abbandono	*Ma che freddo fa*
fobia ansiosa	sei un sorcino	*Il carrozzone*
fuga dalle responsabilità	disturbo distimico	*Ogni volta*
giudichi fallimentare la tua vita sentimentale	depressione	*Almeno tu nell'universo*
hai complessi legati al tuo aspetto fisico	disturbi dell'alimentazione	*La donna cannone*
hai nostalgia dei telefilm più scemi, dei telecronisti di una volta, delle merendine dell'infanzia, dei democristiani	struggimento nostalgico	*Incontro*

hobby peculiari	sindrome di Asperger	*Agnese*
ideazione paranoide di personalità	disturbo borderline	*Un giorno credi*
ideazione suicidaria	nevrosi da alienazione	*Vecchio frack*
illusioni corporee	disturbo schizotipico della personalità	*Extraterrestre*
impotenza	disturbo affettivo stagionale	*Il mare d'inverno*
inadeguatezza	fragilità	*Fragile*
incertezza	crisi mistica latente	*Senza luce*
incomunicabilità	nevrosi da alienazione	*Vecchio frack*
indecisione	lutto e melanconia	*I giardini di marzo*
inibizione di ogni attività	lutto e melanconia	*I giardini di marzo*
inibizione sociale	disturbo evitante di personalità	*Non è tempo per noi*
insonnia	nevrosi da alienazione	*Vecchio frack*

se hai questo disturbo	**probabilmente soffri di**	**la tua canzone è**
instabilità dell'umore	disturbo borderline di personalità	*Un giorno credi*
intensa rabbia	disturbo post-traumatico da stress	*Vincenzina e la fabbrica*
intolleranza alle frustrazioni	personalità istrionica	*Amore impossibile*
intontimento	sei un bietolone	*Come è profondo il mare*
ipersensibilità al giudizio altrui	disturbo evitante di personalità	*Non è tempo per noi*
ipocondria	disturbo borderline di personalità	*Un giorno credi*
isolamento sociale	lutto e melanconia	*I giardini di marzo*
la mamma e l'inconscio suscitano in te un perenne senso di mistero e venerazione	sei un bietolone	*Come è profondo il mare*

l'impatto tra la vita come poteva e doveva essere e l'amara realtà	tubettite	*Quello che non c'è*
machismo ferito, delirante e allucinatorio	misoginia	*Bella stronza*
mancanza di attitudine commerciale	lutto e melanconia	*I giardini di marzo*
ne hai viste tante, ma non ti aspetti più nulla	donna-Pravo: depressione	*E dimmi che non vuoi morire*
nichilismo	depressione schizoide	*La canzone di Marinella*
noia	umore depresso	*Un giorno dopo l'altro*
	oppure singletudine	*Uomini soli*
non hai voglia di lavorare	sindrome del lunedì mattina	*Poster*
non ti piace alzarti presto per prendere il metrò	sindrome del lunedì mattina	*Poster*

se hai questo disturbo	**probabilmente soffri di**	**la tua canzone è**
non vedi nulla di utile al mondo	propensione anaffettiva	*Sassi*
nutri una sospettosità paranoide	disturbo schizotipico della personalità	*Extraterrestre*
obesità	disturbi dell'alimentazione	*La donna cannone*
ombrosa disperazione	misoginia	*Bella stronza*
ossessione allucinatoria	fine di una relazione	*La costruzione di un amore*
panico	fragilità	*Fragile*
parli in modo iperelaborato e metaforico	disturbo schizotipico della personalità	*Extraterrestre*
passione per i mezzi di trasporto	sindrome di Asperger	*Agnese*
paura della morte	sei un sorcino	*Il carrozzone*
paura della separazione	disturbo dipendente di personalità	*La solitudine*

paura di salire su un aereo o su una gondola, di fare il bagno al mare, di mangiare la pizza coi funghi, di andare dal medico per paura che scopra che quel raffreddore è in realtà vaiolo	sei un sorcino	*Il carrozzone*
pensieri di morte	depressione schizoide	*La canzone di Marinella*
pensieri suicidi	lutto e melanconia	*I giardini di marzo*
pensiero magico	disturbo schizotipico della personalità	*Extraterrestre*
perdita della capacità di amare	lutto e melanconia	*I giardini di marzo*
perdita dell'amooooore	rabbia contro Dio	*Perdere l'amore*
perdita di un oggetto amato	lutto e melanconia	*I giardini di marzo*
perdurante idealizzazione del rapporto concluso	mancata elaborazione del lutto	*Se io se lei*

se hai questo disturbo	**probabilmente soffri di**	**la tua canzone è**
poco interesse per il sesso	depressione schizoide	*La canzone di Marinella*
profonda malinconia	fine di una relazione	*La costruzione di un amore*
provi la sensazione che la tua esistenza dipenda totalmente da qualcun altro	disturbo dipendente di personalità	*La solitudine*
provi un sottile piacere quando ti vengono inflitte sofferenze	masochismo	*La sedia di lillà*
rancore	schizofrenia	*Mentre tutto scorre*
rapida alternanza tra picchi di autostima e momenti di autosvalutazione	disturbo borderline di personalità	*Un giorno credi*
relazioni interpersonali ridotte	disturbo schizotipico della personalità	*Extraterrestre*

ricorrri a psicofarmaci, superalcolici o profiteroles	depressione	*Almeno tu nell'universo*
rifiuto della realtà	disturbo schizotipico della personalità	*Extraterrestre*
rottura di cabbasisi	umore depresso	*Un giorno dopo l'altro*
scalmane	sindrome da abbandono	*Ma che freddo fa*
scarsa energia	disturbo distimico	*Ogni volta*
	oppure depressione	*Almeno tu nell'universo*
scarsa integrazione sociale	lutto e melanconia	*I giardini di marzo*
scarsa reattività agli stimoli	depressa appartenenza ai tempi moderni	*Fotomodelle un po' povere*
sei disposta a rinunciare a tutto per il tuo compagno	sindrome della Sirenetta	*Lampada Osram*
sei erroneamente convinto che l'inconscio ti mandi segnali significativi	sei un bietolone	*Come è profondo il mare*

se hai questo disturbo	**probabilmente soffri di**	**la tua canzone è**
sei in perenne ansia per familiari, fidanzati, amici	sei un sorcino	*Il carrozzone*
sei riluttante ad assumere rischi personali o ingaggiare nuove attività	disturbo evitante di personalità	*Non è tempo per noi*
sei stato piantato dalla fidanzata	peterpanismo acuto	*Marmellata #25*
sei succube e servente di fronte all'autorità maschile	sindrome della Sirenetta	*Lampada Osram*
sei un innamorato respinto e un po' tordo	sindrome di Otello	*Ricordati di me*
sei un lazzarone	sindrome del lunedì mattina	*Poster*
sensazione di inadeguatezza	disturbo evitante di personalità	*Non è tempo per noi*
sensi di colpa	lutto e melanconia	*I giardini di marzo*
	oppure depressione schizoide	*La canzone di Marinella*

	oppure disturbo affettivo stagionale	*Il mare d'inverno*
senso di esclusione	disturbo post-traumatico da stress	*Vincenzina e la fabbrica*
senso di impotenza e di vuoto	disturbo post-traumatico da stress	*Vincenzina e la fabbrica*
senso di inadeguatezza	depressione schizoide	*La canzone di Marinella*
senso di persecuzione paranoide	disturbo distimico	*Ogni volta*
sentimento di vuoto	disturbo borderline di personalità	*Un giorno credi*
senso di spreco della tua vita	disturbo affettivo stagionale	*Il mare d'inverno*
senso latente di disperazione	depressione	*Almeno tu nell'universo*
panico in spiaggia	agorafobia	*Una giornata al mare*
sesto senso	disturbo schizotipico della personalità	*Extraterrestre*

se hai questo disturbo	**probabilmente soffri di**	**la tua canzone è**
sgomento epocale e personale	disturbo post-traumatico da stress	*Vincenzina e la fabbrica*
soffri se tuo padre si lagna per il piercing, per i pantaloni con vista panoramica sulla mutanda, per un votaccio in italiano	complesso di Elettra	*Mary*
sogni di sposare un tuo simile con cui tirare avanti pizzeggiando nei vicoli, ascoltare canzoni purché napulitane, arrubbare la macchina 'e papà invece che riuscire a comprarsi da soli il Golf da tamarro con cui passare davanti al bar	depressa appartenenza ai tempi moderni	*Fotomodelle un po' povere*

solitudine	nevrosi da alienazione	*Vecchio frack*
	oppure	
	depressione schizoide	*La canzone di Marinella*
	oppure	
	singletudine	*Uomini soli*
sonnolenza	disturbo affettivo stagionale	*Il mare d'inverno*
stanchezza cronica del tutto immmotivata	disturbo affettivo stagionale	*Il mare d'inverno*
stato confusionale da stress	nevrosi da alienazione	*Vecchio frack*
stato di prostrazione	depressione	*Almeno tu nell'universo*
stile verbale povero di dettagli	personalità istrionica	*Amore impossibile*
stress	singletudine	*Uomini soli*
superficialità o cambiamenti fulminei nell'espressione delle emozioni	personalità istrionica	*Amore impossibile*

se hai questo disturbo	**probabilmente soffri di**	**la tua canzone è**
superstizione	disturbo schizotipico della personalità	*Extraterrestre*
tedio	umore depresso	*Un giorno dopo l'altro*
tendi a rifugiarti in comportamenti ludici	peterpanismo acuto	*Marmellata #25*
tendi a rinviare l'assunzione di responsabilità	peterpanismo acuto	*Marmellata #25*
tendi a sovrapporre i tuoi altri significativi	amnesia	*Amore che vieni, amore che vai*
ti contraddici e cambi idea di continuo	amnesia	*Amore che vieni, amore che vai*
ti manca il coraggio di troncare una relazione, non sei in grado di dare un taglio netto alle cose	hai fatto una cazzata in campo sentimentale	*Se telefonando*

ti manca una causa in cui scagliare il tuo nobile ardimento	tubettite	*Quello che non c'è*
timore di essere socialmente inetti, poco attraenti, inferiori agli altri	disturbo evitante di personalità	*Non è tempo per noi*
ti pesa andare a cena con amici accoppiati	singletudine	*Uomini soli*
ti pesa guardare la tv da solo la sera	singletudine	*Uomini soli*
ti pesa fare la spesa settimanale	singletudine	*Uomini soli*
ti piace ballare ma non ti faresti mai beccare a ballare un pezzo allegro o fondamentalmente idiota	depressione	*Nuvole rapide*
ti prepari a capire i tuoi errori, prometti che non li ripeterai più e giuri che tanta sofferenza ti ha fatto scoprire quanto siete importanti l'uno per l'altra	corna	*A mano a mano*

se hai questo disturbo	**probabilmente soffri di**	**la tua canzone è**
ti rifugi nell'insensato, infantile lallalla lallallalla	malinconia	*Giudizi universali*
ti senti un poeta	sindrome del lunedì mattina	*Poster*
ti senti vicina al baratro degli "anta"	depressione	*Quello che le donne non dicono*
tristezza	disturbo post-traumatico da stress	*Vincenzina e la fabbrica*
tristezza febbrile	chiagne e fotte	*Buongiorno tristezza*
trovi allettante la commemorazione della morte	lutto	*In morte di S.F.*
umore depresso	disturbo distimico *oppure* nevrosi da alienazione	*Ogni volta* / *Vecchio frack*

vagheggi i tuoi vent'anni, la Seicento, una ragazza che non hai mai capito	nostalgia per un passato di purezza e felicità	*Luci a San Siro*
visioni	crisi mistica latente	*Senza luce*
voglia di tirare un treppiede	disturbo post-traumatico da stress	*Vincenzina e la fabbrica*
vulnerabilità	fragilità	*Fragile*

INDICE DEI NOMI

INDICE DELLE CANZONI

Cari lettori,
aspettiamo commenti, suggerimenti (e anche insulti) all'indirizzo

lacrima@kowalskieditore.it

Ringraziamenti

Paolo Madeddu desidera ringraziare per il fondamentale contributo:

Paolo Giovanazzi di *Maxim*, Valeria Sgarella di PlayRadio, Valeria Rusconi di *Rolling Stone*, Franco Zanetti di *Rockol*, Cristina Martellosio di *Cantosospeso*, Fabio Madeddu della Facoltà di Psicologia dell'Università Statale di Milano, la dr.ssa Laura Biscotto, l'avv. Stefano Denari, Emma Venturini tendenzialmente di *Gioia*, Giusi Galimberti di *Famiglia Cristiana*, Annamaria D'Urso di *Anna*, Paolo "Belluscone" Capozzi di BAReddu.it, Luca Bernini della casa discografica Gibilterra, Federico Guglielmi del *Mucchio Selvaggio*, Riccardo Bertoncelli di Francesco Guccini.

Paola Maraone, invece, ringrazia:

Ernesta Farina, per il baby-sitting e per aver (ri)ascoltato tutte le canzoni con noi. Franco Zanetti (ovvero l'origine di tutte le cose) nonostante l'abbia già ringraziato Paolo Madeddu. Isabella Cioni, per il brainstorming davanti a una pizza neanche troppo buona. Silvia Introzzi, per la fiducia pressoché illimitata. Daniela Airaghi, per avermi suggerito l'utilizzo del verbo "caragnare". Andrea Laffranchi, per il supporto che mi darà in futuro.

INDICE

Stampa Grafica Sipiel
Milano, febbraio 2006